Llamado y Propósito

Serie "Espíritu y Vida"

Johnny A. Gómez

Llamado y Propósito.

Serie "Espíritu y Vida"

Johnny A. Gómez

Impresión junio de 2022

Contenido

Sobrarían las palabras y faltarían las líneas para expresar, siquiera medianamente, mi profundo amor, agradecimiento y devoción a aquel que me llamó con propósito y me atrajo hacia sí con sus indestructibles cuerdas de amor ¿Cómo confinar lo infinito y eterno entre las frágiles paredes de lo limitado y temporal? De igual manera, no existen las páginas suficientes para expresar lo inexpresable. Solo me queda decir: Gracias, infinitamente gracias. Gracias mi amado Señor Jesús.

Al que me amo con amor eterno,

Al que libró mi vida del foso,

Al que posó sus tiernos ojos sobre mí y pasó por alto mis pecados pasados,

A Aquel cuya misericordia es eterna y triunfa sobre el juicio,

Al único sabio Dios sean la gloria, la honra y el poder por los siglos de los siglos.
Amén.

Cuando Dios llama a la persona "Equivocada"

Cuando se habla de la vida de grandes artistas, héroes y próceres de una nación, generalmente se les describe con un cierto hálito de gloria, resaltando las cualidades y virtudes que les distinguen y colocan en la cúspide del reconocimiento humano. De esta manera, se crea alrededor de ellos una esfera romántica e inspiradora, sin mencionar, muchas veces, las oscuras y subyacentes facetas de su personalidad y carácter. Algunos de esos rasgos podrían ser tan lúgubres que, si salieran a la luz, les enterrarían en los lugares más recónditos del baúl de la historia.

Las Escrituras bíblicas, en contraposición, no temen el mostrar las características intrínsecas de sus personajes, ya que ellas no consisten en el relato de las vidas y proezas de grandes hombres, sino en el relato de las vivencias de hombres pequeños en manos de un Dios grande. En consecuencia, la Palabra expone las virtudes de sus personajes pero también exhibe sus defectos, temores, debilidades e imposibilidades. Incluso, en algunos de los casos, hasta sus más sombríos secretos.

Por ejemplo, al hablar de Elías, uno de los profetas más célebres de la antigüedad, se le describe como una persona sujeta a pasiones semejantes a las nuestras. No era alguien de otra galaxia, impoluto e inquebrantable. Sino más bien un hombre con luchas y temores. Alguien que, en su momento, se movió entre los polos opuestos de la alegría y la depresión, la intrepidez y el miedo. Sin embargo, Santiago relata como Elías *"oró fervientemente para que no lloviese, y no llovió sobre la tierra por tres años y seis meses. Y otra vez oró, y el cielo dio lluvia, y la tierra produjo su fruto"* **Santiago 5:17-18**.

Por otro lado, al hablar de David, un hombre que fue inspirado por el Espíritu para escribir los más hermosos cánticos, salmos y profecías mesiánicas; las Escrituras no procuran encubrir su adulterio con Betsabet, ni sus artimañas y maquinaciones para eliminar a Urías, su esposo. Tampoco oculta los trágicos detalles de los acontecimientos que se suscitaron, en su propia familia, a raíz de esos pecados.

David atravesó innumerables períodos de debilidad, persecución y traición. Vivencias que lo llevarían a expresar palabras tan intensas como: "*!Quién me diese alas como de paloma! Volaría yo, y descansaría. Ciertamente huiría lejos; Moraría en el desierto. Me apresuraría a escapar. Del viento borrascoso, de la tempestad*". **Salmos 55:6-8**. Solo Dios puede comprender a cabalidad la profundidad de esos sentimientos. No obstante, las Escrituras resaltan las múltiples misericordias de un Dios lleno de gracia quien perdonó y levantó a David para confirmarlo en su reino, aun cuando no lo libró completamente de las consecuencias de sus transgresiones.

El Espíritu se aseguró de que al reseñar la biografía de los llamados héroes de la fe, no solo se mostrasen sus proezas y hazañas, sino que también se pusiesen en manifiesto sus pecados, fracasos y debilidades. Sus períodos de dudas y temores. Las temporadas en que quisieron renunciar y lanzar todo por la borda. Los momentos cuando, a causa de la opresión y dolor, sintieron que ya no podían más y expresaron su deseo de morir o no haber nacido.

Cualquiera que hubiese sido testigo de esas etapas en la vida de estos hombres, atiborradas de miedos y angustias, podría haber puesto en tela de juicio el propósito de Dios para con ellos. Pienso que aun ellos mismos llegaron a dudar de su llamado. No obstante, para nosotros todas sus historias se traducen en una señal de esperanza, ya que nos permiten identificarnos con sus sentimientos, dudas, batallas y episodios de flaqueza; pero también nos ayudan a comprender que hay una salida y que siempre podemos contar con el socorro y el amor del Dios Todopoderoso.

Amigo, tal vez te sientes identificado con este mensaje y reconoces que esta es tu condición. Admites, tal como lo hizo el hijo pródigo, que has pecado contra Dios y contra los hombres y no te consideras digno de su llamamiento, mucho menos de ser llamado su hijo. Si es así, déjame decirte que eres un excelente candidato para que Dios haga una hermosa obra en tu vida. Para que te restaure, sane, levante y use como un instrumento útil en sus manos. El Señor te está esperando, como ese Padre perdonador, con los brazos abiertos para recibirte y hacer fiesta.

Esta "empresa" espiritual, a diferencia de las corporaciones seculares, no está en la búsqueda de los candidatos que se creen los más calificados y preparados, sino más bien en la de aquellos que admiten su torpeza e incompetencia. Esos postulantes a quienes todos descartarían porque consideran que no tienen el perfil adecuado.

Este libro quisiera dedicarlo a aquellos que no se sienten autosuficiente ni sabios. A aquellos que han sido etiquetados por el mundo, por sus familiares y aun por ellos mismos, como las personas "equivocadas". A aquellas personas a las cuales se les ha impreso, en sus mentes, ideas como: *"tú no eres"*, *"tú no puedes"*, *"tú no sirves"*, *"tú no tienes lo necesario"* o *"tú no tienes remedio"*. A esos a quienes muchos han menospreciado, pero que Dios ha escogido para perfeccionar y completar su obra en ellos.

De igual manera, dedico este manuscrito a aquellas personas que, aunque ante los ojos del mundo son exitosas; se sienten vacías, carentes y necesitan, con urgencia, del abrazo del Padre. A aquellas que sienten que esta vida no consiste solo en nacer, crecer, reproducirse y morir; y perciben que debe haber un propósito mayor detrás de este mundo de apariencias e ilusiones.

En fin, este libro va dedicado a todos aquellos a quienes Dios ha llamado con propósito.

Estimados, tal vez algunos podrían considerar que yo no soy la persona idónea para escribir estas líneas. No obstante, glorifico a Dios quién me ha elegido para plasmar estas sencillas palabras, las cuales espero que sean de mucha bendición y edificación para sus vidas. Gracias por escuchar, en este caso leer, a la persona "equivocada".

He aquí "…*Dios es grande, pero no desestima a nadie…*"

Job 36:5.

El Impensable

¿Cuántas veces nuestras circunstancias personales y las dificultades del día a día nos han hecho dudar del llamado y del propósito de Dios para con nosotros? En muchas ocasiones nuestra condición socio-económica, edad, fisonomía y pasado, entre otros factores, parecieran no ser cónsonos con nuestros sueños y aspiraciones. Inclusive, en ciertos momentos, parecieran jugar en nuestra contra, posicionándonos en lugares diametralmente opuestos a nuestras metas. Esto no solo nos ha pasado a ti y a mí, sino que ha sido también la experiencia de muchas personas cuyas historias y hazañas han sido plasmadas en la Biblia y fuera de ella.

A lo largo de las Escrituras encontramos las vidas de hombres y mujeres cuyas realidades parecían estar desfasadas con el plan divino. Sin embargo, sus nombres llegaron a engrosar la hermosa lista de los llamados héroes de la fe presentada en **Hebreos 11**. En este recuento podemos conseguir, entre otros, nombres como los de Enoc, Noé, Abraham, Isaac, Jacob, José, Raha, Gedeón y David. No obstante, el mismo autor de esta carta reconoce que le faltaría tiempo para enumerar a todos aquellos que esculpieron sus nombres en las tablas de la historia, a causa de su testimonio de fe y convicción. Estas personas no solamente fueron reconocidas por sus grandes victorias y conquistas, sino también lo fueron porque, algunos de ellos, llegaron a ser mártires del Señor.

Leyendo en algunas de sus biografías podemos notar como Dios ha escogido y llamado a individuos que se hallaban en los lugares más inusitados y en las condiciones más adversas, para llevar a cabo sus planes y proyectos. Personas que cualquiera descartaría, a primera vista, porque no las consideraría como las idóneas, ya que no poseían los requisitos mínimos para llenar una buena hoja de vida, mucho menos para desempeñar un rol transcendental en su generación.

Es importante destacar que un punto en común, en estos escogidos, es que ellos mismos no creían tener lo necesario para llevar a cabo la misión que les tocaría emprender. Se justificaban y limitaban diciendo soy niño, soy pobre, no se hablar, estoy viejo, etc. Sin entender, por instantes, que el que les llamaba, protegería e iría delante de ellos, era nada más y nada menos que el Dios Todopoderoso, el Creador del cielo y la tierra.

El llamado del Señor trasciende al entendimiento humano porque, contrariamente a lo que podamos pensar, no pende de las cualidades ni de la fuerzas del hombre, mucho menos de lo que éste pueda sacrificar religiosamente, sino que estriba en la pura gracia de Dios. Pablo, en su primera carta a los Corintios, dijo: *"Porque lo insensato de Dios es más sabio que los hombres, y lo débil de Dios es más fuerte que los hombres. Pues mirad, hermanos, vuestra vocación, que no sois muchos sabios según la carne, ni muchos poderosos, ni muchos nobles; sino que lo necio del mundo escogió Dios, para avergonzar a los sabios; y lo débil del mundo escogió Dios, para avergonzar a lo fuerte; y lo vil del mundo y lo menospreciado escogió Dios, y lo que no es, para deshacer lo que es, a fin de que nadie se jacte en su presencia"* **1 Corintios 1:25-29**.

En estos versos el apóstol pone en relieve la incapacidad del ser humano para hacerse acreedor de un llamado. Él hizo hincapié en que la mayoría de estas personas, a quiénes escribía en Corinto, no tenían un origen noble, tampoco ostentaban grandes títulos ni eran reconocidas por su gran sapiencia o elocuencia. Es más, muy probablemente, eran las más menospreciadas ante los ojos de mundo y consideradas como comunes y viles. Sin embargo, a Dios le plació escogerlas para demostrar que la excelencia de la sabiduría y el poder residen en Él y para poner en manifiesto su gracia para con los hombres, repartiéndoles dones del Espíritu como quiso.

Ahora bien, si hacemos un ejercicio de introspección, y nos evaluamos desde una perspectiva objetiva, admitiríamos que nuestro resumen curricular, en el sentido espiritual, no es nada atractivo. No llena, ni medianamente, el perfil de un hombre perfecto e intachable. En nuestro diario de vida está plasmado que hemos sido pecadores, errantes e incompetentes en muchos aspectos. Detalla que hemos ofendido, un sin número de veces, a Dios y a los hombres y que hemos transgredido las leyes ¿Quién podría jactarse en decir que nunca ha mentido, engañado o infringido los mandamientos? **Romanos 3:10-12** dice: "*...No hay justo, ni aun uno; No hay quien entienda, No hay quien busque a Dios. Todos se desviaron, a una se hicieron inútiles; No hay quien haga lo bueno, no hay ni siquiera uno*". Sin embargo, damos gracias al Señor, porque Él es amplio en perdonar y su corazón rebosa de misericordia. Jesús no vino para condenarnos sino para que tengamos vida a través de Él, una vida abundante y con propósito.

Pablo afirmó que "*todo lo que fue escrito en tiempos pasados, para nuestra enseñanza se escribió, a fin de que por medio de la paciencia y del consuelo de las Escrituras tengamos esperanza*" **Romanos 15:4**. Por ello, a continuación pasaremos a detallar las vivencias de varios personajes, para que nos identifiquemos con sus hechos y sobre todo para que entendamos que, aunque estemos atravesando las temporadas más difíciles, aún hay esperanza y una luz al final del túnel.

Estos relatos servirán para incrementar nuestra fe y darnos confianza. Ellos hablan de como Dios escoge y llama a gente, tan sencilla y defectuosa como nosotros, para levantarlos y cumplir en ellos su voluntad y propósito. Y, si el Señor hizo grandes cosas con aquellos hombres y mujeres, también puede hacerlo hoy con nosotros. Dios no ha dejado de ser Dios ni se ha limitado su poder para librar y bendecir.

Adán y Eva

Célebres por ser la primera pareja creada y los primeros en sucumbir ante la tentación y el pecado. Aunque sus nombres no están reflejados en el listado de **Hebreos 11**, me permito citarlos porque también fueron ellos los primeros a quienes Dios les extendió su amor y misericordia.

¿Dónde estás tú? Esta fue la pregunta de un Dios amoroso a un Adán sumido

15

en la miseria, escondido entre las ramas junto a su mujer; ambos vistiendo delantales de hojas de higuera, tejidos por ellos mismos, para intentar cubrir la desnudez de la injusticia y del error. Hojas que muy pronto cederían ante la acción implacable de los elementos, dejándoles expuestos nuevamente ante la realidad y las consecuencias de sus faltas. Podríamos culpar y acusar a Adán y a Eva por haber cedido ante la tentación pero, siendo sinceros, debemos reconocer que pudo haber sido cualquiera de nosotros, ya que Dios le ha dado a todo hombre la facultad de elegir desde que le creó.

Para algunos esta narración podría resultar fabulesca, sin embargo, refleja la condición de todos los hombres y mujeres en la actualidad. Cuántos de nosotros no queremos acercarnos al Señor porque nos sentimos sucios e indignos. Nos ocultamos tras las ramas de una vida de apariencias, materialismo y desenfreno. Detrás del espejismo de cualquier corriente de pensamiento o filosofía. Detrás de los logros y las profesiones, o tras las frágiles hojas de la "justicia" de una religión. Pero sabemos que, a la postre, todas éstas cosas pasarán, se secarán y dejarán en evidencia nuestra insuficiencia, soledad y carencia.

Si en este día te identificas con este sentimiento, déjame darte las buenas nuevas de que Dios es amplio en perdonar y se complace en hacer misericordia. Que, tal como hizo túnicas de pieles para cubrir a Adán y a Eva (**Génesis 3:21**), de una manera similar pero aún más elevada, se presentó como el cordero inmolado para pagar por nuestros pecados y cubrirnos, ahora no con las pieles de un animal, sino con la Justicia de su Hijo Jesucristo. En consecuencia, podemos acercarnos confiadamente a su trono para alcanzar gracia y perdón. Recibe tu llamado. Sal de tu escondite, tal como estás, y preséntate ante tu Padre. Verás como Él te recibirá con los brazos abiertos. David adujo: *"...al corazón contrito y humillado no despreciarás tú, oh Dios"* **Salmos 51:17** y Jesús, por su parte, declaró: *"...al que a mí viene, no le echo fuera"* **Juan 6:37**.

Abraham

Todo un libro sería insuficiente para hablar del patriarca Abraham y de las preciosas promesas que recibió de parte de Dios. Promesas que excedían lo humanamente aceptable y lo físicamente permisible. Aunado con las grandes palabras que recibió, Abraham tuvo el hermoso privilegio de ser llamado amigo de Dios, no por hombre alguno sino por el Señor mismo.

En **Isaías 41:8** el Señor dice: *"Pero tú, Israel, siervo mío eres; tú, Jacob, a quien yo escogí, descendencia de Abraham mi amigo"*. Al leer esta sentencia, observo como Dios no solo no tiene vergüenza de llamarlo amigo, sino que también intuyo una especie de complacencia al hacerlo. No me terminan de llegar las palabras para expresar la inmensa emoción que me produce esta declaración. ¡Qué hermoso privilegio! que el Señor nos llame su amigo. A un amigo se le habla en la intimidad y se le descubren los planes y secretos, tal como dijo Jesús: *"Ya no os llamaré siervos, porque el siervo no sabe lo que hace su señor; pero os he llamado amigos, porque todas las cosas que oí de mi Padre, os las he dado a conocer"* **Juan 15:15**

Si indagamos un poco en la vida de Abraham descubriríamos que éste provenía de una familia que practicaba la idolatría y servía a dioses diferentes al que hoy conocemos como el Dios de Israel. Esto se pone de manifiesto cuando leemos el discurso de despedida de Josué a las tribus de Israel:

"Y dijo Josué a todo el pueblo: Así dice Jehová, Dios de Israel: Vuestros padres habitaron antiguamente al otro lado del río, esto es, Taré, padre de Abraham y de Nacor; y servían a dioses extraños. Y yo tomé a vuestro padre Abraham del otro lado del río, y lo traje por toda la tierra de Canaán, y aumenté su descendencia, y le di a Isaac" **Josué 24:2-3**.

El Señor no solo pasó por alto el hecho de que este hombre proviniera de una familia y de una región entregada a la idolatría, sino que también le plació escogerlo, de entre muchos, para sacarlo a una nueva tierra y darle sendas promesas. Dios llamó a Abraham, quien para aquel tiempo tenía por nombre Abram, para hacer de él una gran nación.

Por nuestra parte, muchos de nosotros procedemos de familias en donde se practica o practicaba la idolatría o el ocultismo. No hablo solamente de altos ritos de hechicería y magia negra, sino también de todas las otras prácticas de la nueva era y la adivinación. Rituales que tienen que ver con hechicería, santería, tarot, metafísica, parapsicología, masonería y pare usted de contar. Muchos no solo hemos sido testigos de tales ritos sino que también hemos sido participantes.

En mi caso particular, durante muchos años estuve involucrado en varias corrientes de la llamada "Nueva Era". En su momento, tuve personas a mi alrededor que seguían mis enseñanzas y escuchaban mis consejos. Hasta el tiempo en que al Señor le plació llamarme para sacarme de la oscuridad y trasladarme a su reino de luz. El Señor no vino para condenarnos, sino para salvarnos.

Debido a mi propia experiencia, puedo sentir empatía por los que se mueven en estas creencias y, de igual forma, puedo entender porque muchos todavía no se han podido despojar de ellas. Algunos hasta temen hacerlo. Muchos continúan encendiendo velas a los muertos y siguiendo vanas tradiciones familiares. Tal como se dice en **Deuteronomio 4:28**, están sirviendo a "*dioses hechos de manos de hombres, de madera y piedra, que no ven, ni oyen, ni comen, ni huelen*". Lo admitan o no, se encuentran en una situación de opresión y esclavitud y, tal como ocurre con sus ídolos, ellos se entontecen y se hacen inútiles en el sentido espiritual. No obstante, en este día el Señor nos da una Palabra de esperanza y de liberación. Dice: "*Mas si desde allí buscares a Jehová tu Dios, lo hallarás, si lo buscares de todo tu corazón y de toda tu alma*" **Deuteronomio 4:28**. Dios te llama, aun estando en esa condición, no para dejarte allí, sino para desterrarte y llevarte a su luz admirable.

Al momento de su llamado, el Señor dijo a Abram: "*...Vete de tu tierra y de tu parentela, y de la casa de tu padre, a la tierra que te mostraré. Y haré de ti una nación grande, y te bendeciré, y engrandeceré tu nombre, y serás bendición...*" **Génesis 12:1-3**. Al igual que a Abraham, Dios nos invita hoy a salir, en sentido figurado, de nuestra tierra y parentela. A dejar de lado todas esas viejas costumbres y pensamientos que, lejos de acercarnos a Dios, nos alejan de Él.

Para continuar con esta sección sobre Abraham, me gustaría citar solamente algunas de las promesas que Dios le hizo para que podamos comprender la magnitud de su llamado y las circunstancias que atravesaba cuando lo recibió. A Abraham se le dijo:

"He aquí mi pacto es contigo, y serás padre de muchedumbre de gentes" **Génesis 17:4**.

"Será tu descendencia como el polvo de la tierra, y te extenderás al occidente, al oriente, al norte y al sur; y todas las familias de la tierra serán benditas en ti y en tu simiente" en **Génesis 28:14**.

Es necesario remarcar que estas promesas, de una gran nación y una gran descendencia, fueron extendidas a un hombre viejo con una mujer también anciana y de matriz estéril. En este punto, cualquiera se habría preguntado si Dios se había equivocado al escoger a esta familia para darles una gran prole y ser de bendición para las naciones. Le diríamos Señor: ¿No pudiste haber seleccionado para este proyecto a una pareja joven, en edad reproductiva, físicamente aptos para concebir un hijo? Esta situación nos lleva a evocar las palabras de Pablo a la iglesia en Corinto, cuando dijo: Dios escogió *"lo que no es, para deshacer lo que es"* y, con esto, echar por tierra la sabiduría de los hombres y romper con todos sus esquemas mentales.

Abraham fue sostenido por una palabra y, contra todo pronóstico, recibió lo prometido. Aunque pasaron unos 25 años, entre la promesa y su cumplimiento, él no se debilitó en su fe a causa de sus circunstancias humanas. Por el contrario, puso los ojos en Aquél que es fiel y poderoso para cumplir lo que había prometido.

Romanos 4:18-21 dice que *"El creyó en esperanza contra esperanza, para llegar a ser padre de muchas gentes, conforme a lo que se le había dicho: Así será tu descendencia. Y no se debilitó en la fe al considerar su cuerpo, que* *estaba ya como muerto (siendo de casi cien años), o la esterilidad de la matriz de Sara. Tampoco dudó, por incredulidad, de la promesa de Dios, sino que se fortaleció en fe, dando gloria a Dios, plenamente convencido de que era también poderoso para hacer todo lo que había prometido;…"*

En este punto, me gustaría enfatizar que el llamado y las promesas provienen de Dios. Si Él lo dijo, lo hará. Su promesas son en Él, sí; y en Él, amén (**2 Corintios 1:20**). No se trata de deseos humanos ni esperanzas huecas. Si recibimos una palabra de parte de Dios, creámosla, declarémosla, escribámosla y movámonos en función de ella. Si creemos todavía que no tenemos un propósito de vida, pidámosle a Dios, Él nos lo revelará.

Gedeón

Cuantas veces nos hemos sentido insignificantes, insuficientes e incapaces para recibir un llamado y cumplir nuestros sueños. A veces, las circunstancias que estamos atravesando y las situaciones a nuestro alrededor nos llevan a pensar que nuestras vidas no tienen un propósito, e incluso, llegamos a preguntarnos si Dios en verdad existe y está con nosotros. Este fue el caso de Gedeón.

Antes de hablar directamente de Gedeón, considero necesario que nos contextualicemos un poco en su época y en la situación que atravesaba su pueblo. Para esto voy realizar un pequeño sumario de los primeros versículos del libro de los Jueces, capítulo 6.

La historia relata, básicamente, que Israel pecó una vez más contra su Dios y, en consecuencia, Éste permitió que el pueblo de Madián lo dominara durante siete años. Los madianitas constantemente sometían y maltrataban a Israel, haciendo que estos se ocultaran en escondites, cuevas, montañas y lugares fortificados. Acontecía que cada vez que los hijos de Israel tenían algo sembrado, venían los madianitas, los amalecitas y la gente del oriente, y los atacaban, destruían sus cosechas, se llevaban sus ovejas, sus bueyes y sus burros. De esta manera, no les dejaban nada que comer y los empobrecían. Esta situación mantenía en vilo y en angustia a los israelitas y los llevó a suplicar a Dios para ser salvados de la mano de sus opresores.

Entonces cuando ellos clamaron, *"Jehová envió a los hijos de Israel un varón profeta, el cual les dijo: Así ha dicho Jehová Dios de Israel: Yo os hice salir de Egipto, y os saqué de la casa de servidumbre. Os libré de mano de los egipcios, y de mano de todos los que os afligieron, a los cuales eché de delante de vosotros, y os di su tierra; y os dije: Yo soy Jehová vuestro Dios; no temáis a los dioses de los amorreos, en cuya tierra habitáis; pero no habéis obedecido a mi voz"* **Jueces 6:8-10**.

En medio de este contexto fue cuando Gedeón recibió su llamado. Un pueblo gimiente, a causa de las tribulaciones. Un profeta del Señor, recordando a Israel las maravillas del pasado y las causas de su caída. Y un Gedeón, limpiando el trigo, a escondidas de los madianitas, para que no le fuese robado. En aquel tiempo fue cuando el Ángel del Señor se le apareció y tomó lugar esta confrontadora escena:

"Y el ángel del Señor se le apareció, y le dijo: El Señor está contigo, valiente guerrero. Entonces Gedeón le respondió: Ah señor mío, si el Señor está con nosotros, ¿por qué nos ha ocurrido todo esto?¿Y dónde están todas sus maravillas que nuestros padres nos han contado, diciendo: «¿No nos hizo el Señor subir de Egipto?». Pero ahora el Señor nos ha abandonado, y nos ha entregado en mano de los madianitas. Y el Señor lo miró, y dijo: Ve con esta tu fuerza, y libra a Israel de la mano de los madianitas. ¿No te he enviado yo? Y él respondió: Ah Señor, ¿cómo libraré a Israel? He aquí que mi familia es la más pobre en Manasés, y yo el menor de la casa de mi padre. Pero el Señor le dijo: Ciertamente yo estaré contigo, y derrotarás a Madián como a un solo hombre". **Jueces 6:12-16 LBLA**.

De esta plática se pueden extraer algunas ideas bien interesantes, sin embargo, quisiera enfocarme solamente en los puntos concernientes a este apartado del libro. Al inicio de su discurso, el Ángel dijo a Gedeón: *"El Señor está contigo, valiente guerrero"*. Con estas cortas y desafiantes palabras, el Señor anima e impulsa a un Gedeón cansado y abrumado. No obstante, a causa de las múltiples dificultades que él estaba experimentando, sus sentidos estaban como insensibles antes estas aseveraciones y no entendía la trascendencia de ellas. Gedeón respondió: *"Ah señor mío, si el Señor está con nosotros, ¿por qué nos ha ocurrido todo esto?¿Y dónde están todas sus maravillas que nuestros padres nos han contado?"*

Pienso que muchos se sienten identificados con esta manera de hablar y actuar de Gedeón. Algunas veces estamos tan embotados y cargados de problemas que, aun cuando recibimos una palabra, no llegamos a digerirla, a veces, ni a atenderla. Al igual que Gedeón, pensamos que el Señor nos ha abandonado.

En la actualidad, con todas estas situaciones de pandemias, problemas económicos, guerras, etc; muchos se preguntan ¿Dónde está Dios? ¿Será que todo esto se le escapó de las manos? ¿Por qué permite la muerte de tantas personas? No obstante, déjenme decirles que Dios sigue siendo Dios, está y estará al control de todo. De nuestro lado queda sólo escucharle y aguardar en sus promesas. Su Palabra es fiel y verdadera. Cielo y tierra pasarán pero sus palabras no pasarán. El que en Él cree no será avergonzado ni confundido, sino que permanecerá. Ya Él nos ha anunciado las cosas que han de venir.

¿Dónde está el valiente y dónde el guerrero? Cualquiera se pudiera plantear estas cuestiones, incluyendo al mismo Gedeón. Él estaba oculto en el lugar donde se pisaban las uvas, escondiendo y limpiando su trigo. Otra vez Dios llama a las cosas que no son como si fueran y da fuerzas al que no tiene ninguna.

Debemos admitir que, infinidades de veces, lo que Dios dice de nosotros difiere de la percepción que tenemos de nosotros mismos. No podemos ver lo que Dios ve porque estamos mirando desde un ángulo diferente. El hombre natural se mueve y actúa por lo que ve desde abajo, desde el plano de las limitaciones e imposibilidades; mientras que Dios lo hace por lo que ve desde arriba, desde una infinita y perfecta perspectiva que no está confinada por el tiempo y espacio ni está limitada por las leyes que rigen el universo, ya que el mismo es su Creador. Por ello, Pablo insistía en que fuéramos renovados en nuestras mentes y nuestro entendimiento para que pudiéramos conocer la buena voluntad de Dios para con nosotros. Comienza a creer lo que Dios dice de ti y que en tu vida hay un propósito que se extiende incluso desde antes de tu nacimiento hasta la eternidad.

Continuando con el relato, el Señor confrontó nuevamente el intelecto de Gedeón y su percepción terrenal cuando le miró y dijo: *"Ve con esta tu fuerza, y libra a Israel de la mano de los madianitas. ¿No te he enviado yo?* Gedeón pudo haber pensado: ¿Cuál fuerza? ¿Dónde están mis recursos? *"He aquí que mi familia es la más pobre en Manasés, y yo el menor de la casa de mi padre"*.

Gedeón reconocía que no estaba en la mejor situación económica, al contrario, en la peor. No solo su familia era la más pobre de su tribu sino que él era el menor de esa familia. Es decir, si su familia era la más pobre, él era el más pobre de entre los pobres.

Ciertamente, en lo humano, reconocemos que somos débiles y limitados, pero por fe entendemos que en Dios encontramos nuestras fuerzas. Las Escrituras dejan en claro, que *"nadie será fuerte por su propia fuerza"* **1 Samuel 2:9**, sino que es Dios quien *"da esfuerzo al cansado, y multiplica las fuerzas al que no tiene ningunas"* **Isaías 40:28-29**. Él nos dice *"No temas, porque yo estoy contigo; no desmayes, porque yo soy tu Dios que te esfuerzo; siempre te ayudaré, siempre te sustentaré con la diestra de mi justicia"* **Isaías 41:10**. Ahora nosotros, basados en todo estas máximas, podemos decir con libertad *"Todo lo puedo en Cristo que me fortalece"* **Filipenses 4:3**. Estas promesas son las que vuelcan las mesas y cambian todo el panorama.

Dios conoce nuestra condición. Sabe cuáles son nuestras fortalezas y debilidades, virtudes y defectos, qué tenemos y de qué carecemos y, a pesar de todo esto, sostiene su llamado. Él le dijo a Gedeón, ve con estas tus fuerzas, porque más allá de ellas, Yo Soy el que te he enviado y *"Ciertamente yo estaré contigo, y derrotarás a Madián como a un solo hombre"*.

Cuando entendemos que nuestras fuerzas provienen del Dios Todopoderoso, que en su nombre y autoridad nos movemos y que su presencia nos acompaña, entonces podremos avanzar confiados y con pasos firmes. Esto no quiere decir que no van a haber luchas y batallas, pero sí que iremos de victoria en victoria en Cristo Jesús.

Es de vital importancia entender que Dios no nos enviará a una misión sin que contemos con su presencia. Ella es la que abre las puertas, derrumba los muros y destruye las fortalezas. Ella nos guarda, nos guía y pone gracia en nosotros. Por ello el Señor declaró a Josué: *"Nadie te podrá hacer frente en todos los días de tu vida; como estuve con Moisés, estaré contigo; no te dejaré, ni te desampararé"* y *"Mira que te mando que te esfuerces y seas valiente; no temas ni desmayes, porque Jehová tu Dios estará contigo en dondequiera que vayas"* **Josué1:5,9**.

Contar con la presencia de Dios en nuestras vidas y en nuestros asuntos es tan vital e imprescindible que Moisés llegó a decir: *"Si tu presencia no ha de ir conmigo, no nos saques de aquí"* **Éxodo 33:15**. Si no es Dios quien nos ha dado una promesa, una visión y un llamado, es mejor que no emprendamos por ese camino, porque seremos nosotros quienes tendremos que asumir los costos de esta travesía. Hermanos, con esto no quiero decir que nos quedemos inmóviles, esperando que algo llegue de repente, lo que sí quiero remarcar es que, si amamos a Dios y guardamos su Palabra, Él nos enseñará el camino en que debemos andar y sobre nosotros fijará sus ojos (**Salmos 32:7**). Y *"Si Dios es por nosotros, ¿quién contra nosotros?"* **Romanos 8:31**.

Amados, cuántos de nosotros ha intentado lograr algo o alcanzar una meta, aún con todo nuestro esfuerzo y capacidades humanas, y no ha podido. Tal vez sea porque, hasta ahora, nos hemos presentado a las batallas en nuestro propio nombre y con nuestras propias fuerzas. Andando conforme a nuestra voluntad y no al designio de Dios. Sin embargo, ahora les insto a que nos presentemos en el nombre de Jesús, bajo su gracia y autoridad, y si es conforme a su voluntad, Él lo hará. Jesús dijo a sus apóstoles *"... De cierto, de cierto os digo, que todo cuanto pidiereis al Padre en mi nombre, os lo dará. Hasta ahora nada habéis pedido en mi nombre; pedid, y recibiréis…"* **Juan 16:23-24**.

Si fue el Señor quien te dio una encomienda, entonces anda en el nombre de aquél que te la dio. Los demás tendrán que reconocer la autoridad, no la tuya, sino la de Aquél quien te envió. Si Dios te ha llamado a una misión, Él mismo te equipará con lo necesario para llevarla a cabo.

Para continuar, si leemos los capítulos 6, 7 y 8 del libro de los Jueces, podemos ver fácilmente como Gedeón, a pesar de haber tenido un encuentro con Dios y haber recibido un llamado directo de Él; atravesó por varios episodios de vacilaciones y temores. Sin embargo, a la postre, Dios le dio la victoria, no sin antes mostrarle que ésta no había sido a causa de sus fuerzas, sino porque el Señor estuvo con él.

En **Jueces 6:36-39** leemos:

"Y Gedeón dijo a Dios: Si has de salvar a Israel por mi mano, como has dicho, he aquí que yo pondré un vellón de lana en la era; y si el rocío estuviere en el vellón solamente, quedando seca toda la otra tierra, entonces entenderé que salvarás a Israel por mi mano, como lo has dicho. Y aconteció así, pues cuando se levantó de mañana, exprimió el vellón y sacó de él el rocío, un tazón lleno de agua. Mas Gedeón dijo a Dios: No se encienda tu ira contra mí, si aún hablare esta vez; solamente probaré ahora otra vez con el vellón. Te ruego que solamente el vellón quede seco, y el rocío sobre la tierra. Y aquella noche lo hizo Dios así; sólo el vellón quedó seco, y en toda la tierra hubo rocío".

Este modo de actuar y esta reiterada petición de confirmación, lejos de mostrar una dependencia de Dios y de su guía, ponían en evidencia las dudas presentes en el corazón de Gedeón. De nuestro lado, podríamos asumir una posición de crítica ante esta actitud o podríamos admitir que, en muchos momentos de nuestras vidas, hemos tenido esos mismos conflictos ¿Cuántas veces el Señor nos ha dado una palabra y la hemos puesto en duda? y ¿Cuántas veces le hemos pedido que nos confirme, más de una vez, lo que ya ha hablado? A veces no creemos que las palabras y las promesas que se están dando son para nosotros, pero, sí mi amigo, es a ti a quien el Señor está hablando.

Pidámosle a Dios que nos ayude y saque de nosotros toda esa incredulidad que ha sido de peso y estorbo en nuestra carrera y crecimiento. Soltemos las ataduras del miedo y las dudas, ya que ellas nos paralizan. En la epístola de Santiago el Señor nos insta a que pidamos fe y sin vacilar, ya que las dudas hacen que perdamos persistencia y continuidad en aquello que emprendemos. Cito: *"Pero pida con fe, no dudando nada; porque el que duda es semejante a la onda del mar, que es arrastrada por el viento y echada de una parte a otra. No piense, pues, quien tal haga, que recibirá cosa alguna del Señor. El hombre de doble ánimo es inconstante en todos sus caminos"* **Santiago 1:6-8**.

Damos gracias porque nosotros no somos aquellos que se rinden, sino aquellos que, a pesar de las adversidades, perseveran hasta alcanzar aquello que les fue prometido.

David

La imagen del rey David es una de las más distinguidas y controversiales del todo el antiguo pacto. David fue un hombre multifacético y virtuoso en muchos aspectos. Fue reconocido como un gran estratega y sus múltiples victorias, en el campo de batalla, podrían fácilmente colocarlo en los primeros lugares del palmarés de la historia militar. David fue un reconocido músico y poeta, y a él se le atribuye, gracias a la inspiración divina, la autoría de casi la mitad del libro de los Salmos. Fue un gran rey, pero también un hombre profundamente humilde, que dependía de Dios y de su guía. Pero entre las mayores bendiciones que recibió este rey, si es que no fue la mayor, fue la promesa de que de su linaje procedería el Mesías, aquel Rey de reyes, cuyo reino es sempiterno.

La persona de David ha sido el eje central de innumerables cuentos, series, películas y libros. Su historia ha sido la fuente de inspiración de muchas canciones. Sin embargo, es necesario destacar que no siempre fue así. David es uno de los ejemplos más claros de como una persona, que fue menospreciada en sus inicios, puede llegar a vivir cosas grandes. En él se cumplió una palabra que declara que *"aunque tu principio haya sido pequeño, Tu postrer estado será muy grande"* **Job 8:7**.

El Señor resume la trayectoria de este rey, a través del profeta Natán, diciendo: *"…Yo te tomé del redil, de detrás de las ovejas, para que fueses príncipe sobre mi pueblo, sobre Israel; y he estado contigo en todo cuanto has andado, y delante de ti he destruido a todos tus enemigos, y te he dado nombre grande, como el nombre de los grandes que hay en la tierra"* **2 Samuel 7:8-9**.

A continuación me gustaría hablarles brevemente acerca de los comienzos de David y sus primeras apariciones en las Escrituras. Para tal fin, vamos a parafrasear algunos pasajes del primer libro de Samuel, capítulo 16.

La historia relata que, una vez que el Señor desechó a Saúl como rey de Israel, envió al profeta Samuel a Belén, a la casa de Isaí, porque había escogido a uno de sus hijos como rey. Ya en la ciudad, Samuel purificó a Isaí y a sus hijos y los invitó al sacrificio. Entonces tomó lugar una escena bien encantadora que iremos explicando a medida que se vaya desarrollando:

"Y aconteció que cuando ellos vinieron, él (Samuel) *vio a Eliab* (unos de los hijos de Isaí)*, y dijo: De cierto delante de Jehová está su ungido. Y Jehová respondió a Samuel: No mires a su parecer, ni a lo grande de su estatura, porque yo lo desecho; porque Jehová no mira lo que mira el hombre; pues el hombre mira lo que está delante de sus ojos, pero Jehová mira el corazón"* **1 Samuel 16:6-7**.

Al igual que Samuel, muchas veces nos hemos dejado mover por las apariencias externas y hemos sido decepcionados o engañados. El hombre natural se impresiona fácilmente por el destello de una vida opulenta, un físico agraciado, la fuerza y habilidad de un atleta, una prometedora carrera profesional o una gran elocuencia. Pero el Señor no se lleva por el aspecto exterior ni por lo grande que pretenda ser el hombre. Él mira el corazón de las personas y conoce la profundidad de sus intenciones.

Samuel ya había tenido una experiencia de ungir a un hombre como rey, a Saúl, el primer rey de Israel. De él se dice que *"entre los hijos de Israel no había otro más hermoso que él; de hombros arriba sobrepasaba a cualquiera del pueblo"* **1 Samuel 9:2**. Es decir, ante los ojos de todos, Saúl era el candidato perfecto para reinar, del cual todos podían enorgullecerse. Imponente y de buena presencia. Pero, el Señor sondeó su corazón y no lo halló recto. Por ello Dios se hizo de otra persona para ocupar su lugar, de David, quién tenía un corazón conforme al suyo.

Siguiendo con el relato del primer libro de Samuel, encontramos que Isaí procedió a presentar delante del profeta a cada uno de sus hijos, hasta el séptimo, pero Jehová no había elegido a ninguno de ellos. *"Entonces dijo Samuel a Isaí: ¿Son éstos todos tus hijos? Y él respondió: Queda aún el menor, que apacienta las ovejas. Y dijo Samuel a Isaí: Envía por él, porque no nos sentaremos a la mesa hasta que él venga aquí"* **1 Samuel 16:11**.

Esta escena me lleva a especular acerca del porqué David no había sido convocado a la reunión. Si fue por el hecho de que estaba afuera ocupado apacentando las ovejas, o porque sencillamente era el impensable, el descartado. Me decanto por esta segunda opción. David ni siquiera había sido invitado a la purificación, de seguro su padre y sus hermanos ya estaban listos para sentarse a la mesa, porque pensaban que los posibles candidatos ya estaban presentes.

Cuando estudiamos la vida de David nos daremos cuenta que ésta no fue la única vez que sufrió menosprecio y no fue considerado como el idóneo, a causa de su juventud y delicada apariencia. Lo mismo le ocurrió cuando se presentó ante Saúl para ofrecerse a luchar contra el gigante Goliat, *"Dijo Saúl a David: No podrás tú ir contra aquel filisteo, para pelear con él; porque tú eres muchacho, y él un hombre de guerra desde su juventud"* **1 Samuel 17:33**. Y en otra oportunidad, al pararse frente al gigante para presentarle batalla, Goliat *"miró y vio a David, le tuvo en poco; porque era muchacho, y rubio, y de hermoso parecer"* **1 Samuel 17:42**. Mas todos conocemos el emocionante desenlace de este episodio.

Al igual que David, cuántos de nosotros hemos sido subestimados y descartados por muchos porque piensan que no tenemos las cualidades ni los medios necesarios para alcanzar lo que soñamos. Cuántos hombres, que llegaron a ser grandes científicos e intelectuales, fueron despreciados por sus profesores y echados de las escuelas e institutos porque alegaban que no tenían lo suficiente ni siquiera para aprobar. Cuántos han sido despedidos de sus trabajos y luego han llegado a ser grandes empresarios. Cuántos cantantes reconocidos no fueron recibidos por las grandes discográficas, sin siquiera brindarles una oportunidad. La historia está plagada de casos similares con poetas, pintores, inventores, etc.

A pesar de que nadie creía en él, David sabía que en él había algo diferente. Él conocía a un Dios que le ayudaba y fortalecía en sus luchas. Las primeras batallas de David no fueron contra grandes ejércitos ni contra altos paladines, como Goliat. David se vio en la necesidad de enfrentarse, reiteradamente, contra grandes fieras y animales salvajes para salvar y proteger al rebaño que le había sido encomendado. Esto lo usó como argumento ante el rey Saúl para que le permitiese luchar contra el filisteo. Él le contó:

"...Tu siervo era pastor de las ovejas de su padre; y cuando venía un león, o un oso, y tomaba algún cordero de la manada, salía yo tras él, y lo hería, y lo libraba de su boca; y si se levantaba contra mí, yo le echaba mano de la quijada, y lo hería y lo mataba. Fuese león, fuese oso, tu siervo lo mataba; y este filisteo incircunciso será como uno de ellos, porque ha provocado al ejército del Dios viviente. Añadió David: Jehová, que me ha librado de las garras del león y de las garras del oso, él también me librará de la mano de este filisteo. Y dijo Saúl a David: Ve, y Jehová esté contigo" **1 Samuel 17:34-37**.

Me quiero detener un poco en esta idea para resaltar que es necesario que nosotros sepamos quienes somos y sobre todo quien es nuestro Dios. Muchos podrían dudar de ti, de tus sueños y aspiraciones. Otros, inclusive, hasta llegarán a burlarse y calificarte como loco, tal como le ha ocurrido a tantos personajes de la historia. Aun tus padres, tu círculo íntimo, tus amigos y los hermanos de tu congregación podrían dudar de ti y de tu llamado. No obstante, lo que es realmente importante y determinante es lo que tu Dios dice y piensa de ti.

Pablo en su epístola a los romanos adujo: *"Digo, pues, por la gracia que me es dada, a cada cual que está entre vosotros, que no tenga más alto concepto de sí que el que debe tener, sino que piense de sí con cordura, conforme a la medida de fe que Dios repartió a cada uno"*. **Romanos 12:3**.

Estimados, este es un punto bien importante porque es necesario que cada quien piense de sí mismo comedidamente, de acuerdo a los dones y a la visión que Dios le ha dado. Nosotros necesitamos saber quiénes somos en el Señor. No puedo creerme más de lo que soy pero tampoco menos. Si me creo más, peco de soberbio y orgulloso y, a la postre, podría quedar frustrado por aspirar aquello que Dios no me ha prometido. Si me creo menos, no llegaré a desarrollar todo mi potencial ni alcanzaré aquello para lo cual fui llamado. Incluso, podría pecar de irresponsable por no ser un buen administrador de los dones y talentos, y por no cumplir con aquello que me ha sido encomendado. Todo debe estar en su justa medida

Dios a cada quien le da una medida de fe diferente. No todos tenemos los mismos dones, ni los mismos talentos. Mis aspiraciones deben estar ajustadas a lo que Dios ha puesto en mi corazón y confirmado a través de su Palabra. No todo deseo de nuestros corazones va alineado con el deseo de Dios, por ello es vital colocar todo anhelo delante de Dios y Él los confirmará.

Mefi-boset

Pareciera no ser muy difícil tener confianza en sí mismo, grandes aspiraciones y fuerzas para llevarse el mundo por delante cuando se tiene juventud, energía, fortaleza física y, sobre todo, salud. Pero no es tan evidente cuando se carece de ellas o cuando nuestro estado físico o mental parecieran remar en sentido contrario a nuestras aspiraciones. Este fue el caso de Mefi-boset, hijo de

Jonathan y nieto del rey Saúl.

Mefi-boset no es un personaje que aparece en la lista de los héroes de fe, sin embargo, me permito traerlo a remembranza para enfatizar como el amor, la misericordia y el propósito de Dios se extiende a todos los hombres, sin importar su condición. Mefi-boset era un hombre que estaba paralítico desde muy pequeño, a causa de una caída. Para él muchas de las actividades, que cualquiera podría considerar como normales y cotidianas, formaban parte del reto del día a día. Él no podía caminar ni moverse como los demás, lo cual dificultaba su vida y sus quehaceres diarios.

Mefi-boset habitaba en Lo-debar, un lugar que simbolizaba, de cierta manera, la condición de como él se encontraba emocionalmente. Lo-debar, en el sentido Bíblico, representa un territorio donde no hay esperanza, no hay palabra ni pastura, árido e infértil. No obstante, desde allí el rey David lo mandó a llamar para restituirle, devolverle sus tierras y concederle la bendición de sentarse a su mesa.

Todos nosotros podemos identificarnos, metafóricamente, con la persona de Mefi-boset. Todos estábamos alejados de Dios y habitábamos lugares donde abundaba el desaliento y escaseaba la buena Palabra, hasta el grandioso día en que el Rey nos mandó a llamar y nos hizo sus hijos. Ahora podemos vivir y andar libremente en la casa del Padre y sentarnos a su mesa.

He tenido el privilegio de conocer personas que están experimentando las dificultades asociadas a una discapacidad motriz, cognitiva, auditiva o visual y; sin embargo, han demostrado como a través de la fe, la perseverancia y una buena actitud; se logran grandes cosas y se rompe los límites. Ellos nos inspiran a través de su ejemplo de coraje y determinación, afrontando los desafíos y vicisitudes de la vida con una actitud positiva, aun mayor que la de aquellos que, en apariencia, no presentan ningún tipo de limitación.

Estas personas no son minusválidos, como se les calificaba erróneamente en un pasado, ya que ellos, de ninguna manera, son de menor valía. Sencillamente gozan de habilidades diferentes las cuales, inclusive, podrían convertirse en fortalezas que les ayudarán a la consecución del plan de Dios en sus vidas. No podemos ignorar que este es un sendero espiritual, donde las armas y capacidades humanas resultan completamente ineficaces, y donde las vivencias y experiencias no quedan restringidas al plano físico.

Lo que Dios hará por y a través de nosotros transciende a nuestras destrezas, habilidades y condición física. Él da fuerzas al que no tiene ninguna y lo que Él quiere hacer con nosotros va más allá de nuestras posibilidades. Dios conoce completamente nuestra condición y Él mismo hace el llamado.

Sea cual sea nuestra situación, nuestra actitud ante la vida y ante las circunstancias determinará el resultado final de las mismas. Muchas veces nos preguntamos el porqué de las cosas, pero no nos llegamos a cuestionar el para qué. Preguntamos por qué esta condición, por qué esta enfermedad y no entendemos que Dios se puede glorificar a través de todas ellas.

En el caso del apóstol Pablo, sus enfermedades y prisiones sirvieron para cumplir el propósito de Dios en su vida, para el crecimiento y la expansión del evangelio. En su carta a los Gálatas, Pablo escribió: *"Pues vosotros sabéis que a causa de una enfermedad del cuerpo os anuncié el evangelio al principio; y no me despreciasteis ni desechasteis por la prueba que tenía en mi cuerpo, antes bien me recibisteis como a un ángel de Dios, como a Cristo Jesús. ¿Dónde, pues, está esa satisfacción que experimentabais? Porque os doy testimonio de que si hubieseis podido, os hubierais sacado vuestros propios ojos para dármelos"* **Gálatas 4:13-15**. Y en **Filipenses 1:12** dijo: *"Quiero que sepáis, hermanos, que las cosas que me han sucedido, han redundado más bien para el progreso del evangelio"*. Todas esas duras pruebas y difíciles períodos guardaban un propósito en su interior.

Pablo reconoció que era Dios quien hacía todo a través de él. Que eran su gracia y sus fuerzas las que lo sostenían. El apóstol llegó a decir *"...porque cuando soy débil, entonces soy fuerte"* **2 Corintios 12: 10**. El Señor por su parte le dijo: *"Bástate mi gracia; porque mi poder se perfecciona en la debilidad"* **2 Corintios 12: 9**. En nuestras flaquezas y debilidades, Dios perfecciona su obra.

Es necesario que mengüemos y que Él crezca, tal como lo expresó Juan el bautista, para que veamos su gloria manifestada.

Mis hermanos cada quien enfrenta una lucha diferente y en su propio campo de batalla. Las dificultades que algunos ven como pequeñas, otros las verán como grandes rascacielos. No pretendamos ser igual a nadie, no podemos usar sus armaduras para nuestras luchas. En el momento que David iba a enfrentar a Goliat, Saúl le vistió con sus ropas y colocó sobre él su armadura, pero David se despojó de ellas porque en el campo de batalla, lejos de ayudarle, se hubiesen convertido en un gran estorbo. David tomo sus armas, aquellas con las cuales estaba habituado y entrenado, sus piedras y su honda, y partió a derrotar al filisteo en aquella épica batalla.

A cada quien se le presenta un diferente gigante, pero para cada Goliat existe un David, preparado y equipado para dar la buena pelea. Lo importante es poder reconocer que nuestro Dios es más grande que todo gigante.

"Porque las armas de nuestra milicia no son carnales, sino poderosas en Dios para la destrucción de fortalezas" **2 Corintios 10:4**.

Pinceladas

Considero que todavía hay mucho que decir para tratar de conseguir, apenas, un pequeño esbozo de este cuadro. Las hojas de esta sección nos han quedado muy cortas para relatar las vibrantes experiencias de otros hombres y mujeres que fueron tomados, de los lugares menos pensados y de las situaciones más desfavorables, para darles un lugar en la vitrina de los héroes de la fe. Personas que reconocían su imposibilidad para cumplir con su llamado, pero que confiaron en las promesas de Dios y en que su presencia les acompañaría. Vamos a dar unas últimas pinceladas, para traer a colación algunos detalles con respecto a sus historias.

José, el hijo de Jacob, vivió esclavitud y cárcel antes de llegar a ser gobernador en Egipto y segundo después del faraón. En su caso las situaciones adversas pudieron haberle hecho dudar de su llamado, amargar su corazón y desistir en su carrera. Sin embargo, él no abandonó su enfoque y se mantuvo integro en medio de las circunstancias porque él había recibido un sueño y una visión de parte de Dios. El Señor le demostró que nunca estuvo solo, aún en medio de sus pruebas. Como esclavo, *"vio su amo que el Señor estaba con él y que el Señor hacía prosperar en su mano todo lo que él hacía"* **Génesis 39: 3 LBLA**. Y, como prisionero, *"El jefe de la cárcel no supervisaba nada que estuviera bajo la responsabilidad de José, porque el Señor estaba con él, y todo lo que él emprendía, el Señor lo hacía prosperar"* **Génesis 39:23 LBLA**.

José sabía en Quién creía y a Quién servía. Él entendía que de Dios vendría su recompensa. No obstante, las escrituras relatan que *"Hasta la hora que se cumplió su palabra, El dicho de Jehová le probó"* **Salmos 105:19**. Es decir, José fue procesado y preparado hasta el día en que le llegó la hora del cumplimiento de la promesa.

Por su parte Moisés, el reconocido profeta de Dios y escritor de los primeros cinco libros de la Biblia, cuando recibió su llamado venía de conducir y apacentar a las ovejas de su suegro, a través del desierto, hasta Horeb. El que otrora había vivido como príncipe en Egipto, llegó a ser un prófugo por haber matado a un egipcio que golpeaba a uno de sus hermanos. Fue allí en Horeb, en el monte de Dios, donde se le apareció el Ángel de Jehová y le comisionó para sacar a su pueblo de Egipto, donde estaba siendo afligido y angustiado, para llevarlo a una tierra buena y ancha, donde fluía leche y miel.

Moisés ante tan grande encargo solo pudo expresar:*"¡Ay, Señor! nunca he sido hombre de fácil palabra, ni antes, ni desde que tú hablas a tu siervo; porque soy tardo en el habla y torpe de lengua"* **Éxodo 4:10**. Y le respondió el Señor: *"Quién dio la boca al hombre? ¿o quién hizo al mudo y al sordo, al que ve y al ciego? ¿No soy yo Jehová? Ahora pues, ve, y yo estaré con tu boca, y te enseñaré lo que hayas de hablar"*. No obstante, Moisés le insistía a Dios que se hiciera de otra persona para esta encomienda. El Señor se enojó contra Moisés y le envió en compañía de su hermano Aarón, quien hablaba muy bien, para conversar con Faraón. Moisés no se sentía a la altura de tamaña tarea.

Pero Dios lo utilizó para traer libertad a su pueblo, con grandes prodigios y milagros.

Por otro lado, si leemos un poco acerca del llamamiento de algunos de los profetas mayores del antiguo testamento, encontraremos que también ellos temieron y dudaron ante tan grandes misiones. Por ejemplo, el profeta Jeremías cuando recibió su llamado, quedó como atónito y se sintió completamente escaso ante la magnitud de la misión encomendada. Nada más y nada menos de ser profeta a las naciones. Jeremías no pudo más que responder: *"...¡Ah! ¡Ah, Señor Jehová! He aquí, no sé hablar, porque soy niño"*. Pero el Señor le dijo: *"No digas: Soy un niño; porque a todo lo que te envíe irás tú, y dirás todo lo que te mande"*. **Jeremías 1:4-7**. Es el Señor quien nos envía y quién va delante de nosotros.

Si nos movemos ahora al nuevo testamento, veremos que a varios de los apóstoles de Jesús se les halló enmarañados entres las redes, cumpliendo con los oficios de humildes pescadores. El apóstol Mateo, por su parte, fue llamado cuando desempeñaba el despreciable oficio de recaudador de impuestos. El apóstol Simón, fue tomado desde la secta radical y nacionalista de los zelotes. Quién diría que Jesús se valdría de estas personas para comenzar con la edificación de su iglesia e iniciar, así, el nuevo rumbo de la historia.

Hermanos, podríamos seguir citando las vidas de muchas otros personajes. Damos gracias a Dios por sus vidas y por el testimonio de fe que nos han dejado. No obstante, nos preguntamos: ¿Y qué hay de nosotros? ¿Dios tiene un llamado también para nosotros?

¿Qué a ti? sígueme tú

Estoy totalmente convencido de que muchas de las personas que tienen un llamado de parte de Dios, parecieran no saberlo o pretenden ignorarlo. Paradójicamente, algunos de ellos, podrían estar, en esta misma hora, inmersos en la depresión o queriendo suicidarse, porque no encuentran sentido ni propósito a sus vidas.

Podríamos conseguir a muchos de esos escogidos viviendo bajo puentes, sumidos en vicios, utilizando sus cuerpos como activos económicos, internados en hospitales, confinados en prisiones o involucrados en cualquiera de las corrientes de hechicería y brujería. También les podríamos encontrar en las lujosas oficinas de una gran corporación, en aulas de prestigiosas universidades, en grandes medios de comunicación o en emblemáticos recintos deportivos. Otros, sencillamente, podrían ser hallados vagando por nuestros vecindarios, viajando en abarrotados autobuses, paseando en los bulevares, o, sencillamente, en sus casas, cocinando para su familia y atendiendo a los abuelos. Sorprendentemente, muchos de ellos también se podrían encontrar en los templos de diversas denominaciones religiosas profesando creer en Dios, pero con un profundo sentimiento de desesperanza. Pero donde sea que estén, estas personas tienen una pequeña llama ardiendo en sus corazones que les dice que hay algo más allá de una vida material y superficial, y que hay un Dios que tiene un plan con ellos.

Amados, ya hemos disfrutado de parte de las historias de algunos escogidos de Dios cuyas vidas han sido y continúan siendo de inspiración para nosotros y lo serán para las generaciones venideras. Ellos vivieron y experimentaron la mano poderosa de Dios, a pesar de sus debilidades y limitaciones. Entonces, en este punto te pregunto: ¿Cuál es tu excusa? ¿Cuál es tu limitación? ¿Cuál es tu justificación para no creer a Dios y emprender tu misión? ¿Qué diremos?: Soy estéril, como Sara. No se hablar, como Moisés. Soy niño, como Jeremías. Soy pobre, como Gedeón. O cualquier otro motivo: soy extranjero, un sin papeles, estoy enfermo, fui abandonado de chico, no tengo estudios. Comprendo que todas cosas podrían constituirse en un hándicap para la consecución de nuestros sueños. No obstante, hoy les invito a que podamos creer en un Dios Poderoso que aparta todas las piedras de la incredulidad e imposibilidad y se complace en hacer milagros. ¿Habrá algo difícil o imposible para Él? *Jesús dijo: "Si puedes creer, al que cree todo le es posible"* **Marcos 9:23**.

¿Qué a ti? Síguelo tú

El Llamado

En las secciones anteriores hablamos, reiteradamente, de un concepto con el cual no muchos están familiarizados y este es "el Llamado". El Llamado, del griego **Kaleó** (καλέω), se usa con diferentes propósitos y se aplica en diversos contextos. Habla básicamente de una invitación, un llamamiento, una convocatoria y un nombramiento. No obstante, cuando ubicamos este término en las Escrituras nos daremos cuenta que su significado trasciende a estas cortas definiciones. Inmerso en el llamado se encuentra, primeramente, el eterno amor de Dios atrayéndonos a Él con sus cuerdas de amor. Seguidamente, podemos decir que detrás de un llamamiento hay un propósito, una intención, una comisión, una misión, una visión, una pasión, un don, una permanencia y un destino. Dios nos llama por algo y para algo. Él tiene planes maravillosos para nosotros. Planes de bien y no de mal, para darnos un futuro lleno de esperanza, como lo dijo el profeta Jeremías.

Un llamado implica un propósito de vida. Es algo de lo que no podemos escapar, renunciar ni desistir porque está relacionado con nuestra razón de ser. Ya existía, en el corazón de Dios, desde antes de nuestro alumbramiento, y fue sembrado en nuestros corazones como un deseo intenso y un proyecto trascendental.

El llamado de Dios es mucho mayor que una carrera exitosa, el reconocimiento y las riquezas. Trasciende del hecho de ser un gran empresario, un buen profesional, un excelente vendedor o un artista famoso. Va más allá de lo físico, material y efímero de este mundo.

Tendemos a medir y a evaluar la vida de las personas basados en nuestra concepción del éxito y la felicidad, pero la realidad es que Dios mide nuestra prosperidad en la medida en que cumplamos aquello para lo cual fuimos creados. Se puede tener éxito ante los ojos del mundo y ser fracasado ante los ojos de Dios. Se puede ser el empresario más prominente y a la vez ser la persona más miserable. Como dijimos en una presentación anterior, se puede tener una gran casa y no tener un hogar, una exquisita comida y no satisfacción, una cómoda cama y no gozar del sueño, todo por el simple hecho de ignorar y no vivir nuestro llamado.

La mayoría deseamos tener una vida longeva y llena de salud. Pero lo más importante es que esos años, sea cual sea su cantidad, estén colmados de la vida abundante que solo Cristo puede proporcionar. Viviendo con fe y pasión en lo que Dios ha dado. **Eclesiastés 6:3**, en la Traducción Leguaje actual, dice: *"Podemos vivir cien años, y llegar a tener cien hijos, pero si no disfrutamos de las cosas buenas de la vida, ni tampoco nos entierran como se debe, yo digo que un niño que nace muerto ha tenido mejor suerte que nosotros. Porque ese niño nunca llegó a ver la luz ni supo nada; tampoco nadie supo nada de él, ni siquiera su nombre; sin embargo, tuvo más tranquilidad"*. Es decir, podemos vivir mucho tiempo en esta tierra, poseer grandes riquezas y una gran descendencia, pero si no gozamos y disfrutamos de aquello que Dios nos quiere dar, su vida, su paz y su salvación y si no conocemos a Dios, nuestro creador, todo habrá sido un esfuerzo fútil.

El llamado nos apasiona, nos impulsa, nos inspira, nos subyuga y nos constriñe. El profeta Jeremías en su momento expresó: *"Pero si digo: No le recordaré ni hablaré más en su nombre, esto se convierte dentro de mí como fuego ardiente encerrado en mis huesos; hago esfuerzos por contenerlo, y no puedo"*. **Jeremías 20:9 LBLA**. Así es un llamado, es como una llama que arde en nuestro interior, un hervir, un celo por las cosas de Dios, una emoción ardiente que impide que nos quedemos inmóviles y retraídos. Guardando la distancias, es un celo como el que mostró nuestro amado maestro, Quién al ver el templo lleno de cambista y ladrones, volcó las mesas y echo fuera a todos, cumpliéndose lo que estaba escrito *"El celo de tu casa me consume"* **Juan 2:17**. Otras versiones dice me devora. Este celo no es como el del hombre, en el sentido de ser iracundo, irracional, injusto y pasional. Sino que más bien es un celo que nos impulsa por el Espíritu a servir al Señor y cumplir su voluntad.

El llamado de Dios es irrevocable y nos persigue donde estemos. Podríamos renunciar a un empleo, jubilarnos en nuestra carrera profesional, desistir de unos estudios, pero nuestro llamado nos acompañará todos los días de nuestras vidas. Pablo enunció en **Romanos 11:29** que *"irrevocables son los dones y el llamamiento de Dios"*. Y en otras versiones dice *"Porque sin arrepentimiento son los dones y el llamado de Dios"*. Es decir, Dios no cambia de opinión en cuanto al llamamiento que ha hecho a cada uno en particular. A pesar de que, muchas veces, nos hemos desviado, caído o desistido, y en otras oportunidades hemos sido infieles y hemos flaqueado, Dios permanece fiel en sus intenciones y planes. Él comienza su obra en nosotros y la perfecciona, porque *"Fiel es el que os llama, el cual también lo hará"* **1 Tesalonicenses 5: 24**. Él prometió a Jacob *"He aquí, yo estoy contigo, y te guardaré por dondequiera que fueres,...., porque no te dejaré hasta que haya hecho lo que te he dicho"* **Génesis 28:15**.

El llamado no es un impulso ni deseo momentáneo, movido por la emocionalidad o por un sentimiento efímero. El llamado viene de Dios y es el que te alienta, te lleva a permanecer en una trayectoria y a moverte con determinación. Es un camino en el cual persistimos, con convicción, a pesar de las fuertes tormentas. Las críticas, los rumores y las malas caras no te alejarán de él. Las adversidades servirán para fortalecerte en tu objetivo.

En el libro de Isaías encontramos una hermosísima profecía mesiánica donde vemos como el Señor no fue rebelde a su misión y visión, a pesar del inmenso dolor y los costos que estas le acarrearían. Él se mantuvo firme en su propósito, no se volvió atrás, aun sabiendo que lo escupirían, maldecirían, le arrancarían la barba, molerían su carne, horadarían sus manos y sus pies, y le matarían. Él puso su rostro como un pedernal con la férrea convicción de que en nada sería avergonzado (**Isaías 50:4**).

En el evangelio de Lucas dice: *"...Cuando se cumplían los días de su ascensión, Él, con determinación, afirmó su rostro para ir a Jerusalén"* **Lucas 9:51**. Jesús sabía que allí, en la amada Jerusalén, le azotarían, maltratarían, y lo entregarían a muerte. El Señor, *"por el gozo puesto delante de él sufrió la* *cruz, menospreciando el oprobio, y se sentó a la diestra del trono de Dios"* **Hebreos 12:3**. A la postre, vio el fruto de su aflicción y quedó satisfecho, trayendo la salvación a los hombres.

Jesús cumplió con aquello que se le había encomendado y, de esta manera glorificó al Padre. Él pudo decir en su oración en **Juan 17:4** *"Yo te he glorificado en la tierra; he acabado la obra que me diste que hiciese"*, y entre sus últimas palabras en la Cruz, pudo decir *"Consumado es"*, es decir lo que vine a hacer se ha cumplido. Si nosotros queremos también glorificar a Dios con nuestras vidas debemos movernos en aquello que se nos ha encomendado, cumplir con nuestro propósito de vida, correr con paciencia pero con determinación hacia aquello que Dios nos ha prometido.

Por otro lado, vemos a un apóstol Pablo quien con todo denuedo relató, ante el mismísimo rey Agripa, como en el momento de su conversión, decidió no ser rebelde ni desobedecer a la visión celestial, sino que más bien cumplió con su comisión, anunciando las buenas nuevas en Damasco, Jerusalén, por toda la tierra de Judea y a los gentiles. Pablo recibió una visión de parte de Dios y corrió con todas sus fuerzas a hacer aquello que le fue encomendado. Al final de su vida, pudo decir con satisfacción *"He peleado la buena batalla, he acabado la carrera, he guardado la fe. Por lo demás, me está guardada la corona de justicia, la cual me dará el Señor, juez justo, en aquel día; y no sólo a mí, sino también a todos los que aman su venida"*. **1 Timoteo 4:7-8**.

De igual manera, vemos el ejemplo de otros patriarcas y hermanos que murieron llenos de años y con los ojos alumbrados por el gozo y el contentamiento de haber vivido para Dios. También de aquellos hermanos que, aunque murieron a una edad temprana o de manera violenta, de igual modo partieron de este mundo con la convicción y certeza que pronto estarían con su amado Padre. Que hermoso es cumplir con nuestro propósito de vida. Esto trae frutos de satisfacción y de paz.

En este punto, algunos se estarán cuestionando acerca de su propósito de vida, o si siquiera tienen uno. Desean tener un proyecto de vida y desfilar hacia él.

No nos inquietemos, en los próximos capítulos les estaré hablando un poco más acerca de esto.

No erremos el blanco

En contraposición a la historia de Pablo, hablaremos brevemente de uno de los profetas más célebres del antiguo pacto, de Jonás. Él es quien, de acuerdo a los relatos bíblicos, fue tragado por un gran pez y vomitado en la orilla de una playa. Les invito, apenas puedan, a leer este libro que es pequeño en extensión, pero grande en profundidad y contenido espiritual.

A Jonás se le hizo un llamado y confirió una misión, pero él quiso huir de la presencia de Dios y eludir su encomienda. Leemos:

"Vino palabra del Señor a Jonás, hijo de Amitai, diciendo: Levántate, ve a Nínive, la gran ciudad, y proclama contra ella, porque su maldad ha subido hasta mí. Pero Jonás se levantó para huir a Tarsis, lejos de la presencia del Señor. Y descendiendo a Jope, encontró un barco que iba a Tarsis, pagó el pasaje y entró en él para ir con ellos a Tarsis, lejos de la presencia del Señor".
Jonás 1:1-3 TLBLA

Primeramente debo decir que me parece risible el hecho de que Jonás pretendía huir de Dios, cuando sabemos que Él todo lo llena y que en ningún sitio podríamos escondernos de su presencia. Tal como dice el Salmo: *"¿A dónde me iré de tu Espíritu? ¿Y a dónde huiré de tu presencia? Si subiere a los cielos, allí estás tú; Y si en el Seol hiciere mi estrado, he aquí, allí tú estás. Si tomare las alas del alba Y habitare en el extremo del mar, Aun allí me guiará tu mano, Y me asirá tu diestra. Si dijere: Ciertamente las tinieblas me encubrirán; Aun la noche resplandecerá alrededor de mí. Aun las tinieblas no encubren de ti, Y la noche resplandece como el día; Lo mismo te son las tinieblas que la luz."*
Salmos 139:7-10

Pienso que Jonás no ignoraba esto. Sin embargo, el pretendió escaparse de la presencia Dios o, más bien, de la comisión que Él le había asignado. Para tal fin, decidió embarcarse e ir rumbo a Tarsis, en un sentido diametralmente opuesto al señalado, pagando el mismo su pasaje.

Al igual que Jonás ¿Cuántas personas se están moviendo en una dirección completamente diferente a la que Dios le señaló? Cuántos de nosotros estamos empeñados en vivir aquello para lo cual no hemos sido creados, y estamos asumiendo los costos, emocionales y físicos, de tomar nuestras propias decisiones a espalda de Dios y a lo que Él ha dicho que es bueno para nosotros? ¿Cuántos hemos sido rebeldes a la visión celestial y hemos tenido que asumir los costos y las pérdidas de nuestros propios bolsillos?

Si leemos un poco más sobre la historia de Jonás veremos que la embarcación donde navegaba rumbo a Tarsis estuvo a punto de naufragar y, los que estaban en ella, estuvieron al borde de la muerte, todo por su causa. Jonás estaba donde no debía estar, haciendo lo que no debía hacer. Traigo esta pequeña reflexión a colación para que veamos que hay consecuencias, no solo para nosotros, sino también para nuestro entorno por no vivir aquello para lo cual hemos sido señalados.

En Nínive había todo un pueblo, que habitaba en ignorancia y en oscuridad, y que corría desenfrenadamente a su destrucción, que necesitaba de palabra de arrepentimiento y salvación que Dios les enviaría a través de Jonás. Sin esta palabra, sin duda, todos hubieran perecido. En la actualidad hay un pueblo y toda una creación que gime aguardando la manifestación de los hijos de Dios. De esos que llevan una palabra de vida y esperanza a aquellos que habitan en oscuridad. De aquellos que llevan la medicina para sanidad de las heridas del corazón.

Nosotros hemos sido llamados y señalados para ser luz en un mundo que habita en tinieblas. Para ser la sal que le dé sentido y sazón a esta generación, y les traiga la Palabra del evangelio. Manifestémonos, pues, como esos pregoneros de libertad y cumplamos con aquellos que nos fue encomendado. Somos evidencia del amor de Dios.

El llamado de Pablo

Con el objetivo de explanar un poco más lo que significa un "Llamado" vamos a apoyarnos en una hermosa declaración del apóstol Pablo a la iglesia en Galacia. El dijo:

"Pero cuando agradó a Dios, que me apartó desde el vientre de mi madre, y me llamó por su gracia, revelar a su Hijo en mí, para que yo le predicase entre los gentiles, no consulté en seguida con carne y sangre, ni subí a Jerusalén a los que eran apóstoles antes que yo; sino que fui a Arabia, y volví de nuevo a Damasco." **Gálatas 1:15-17**.

De esta aseveración se pueden extraer algunas ideas bien interesantes:

Primero: El llamamiento, en cuanto a los asuntos del reino, no puede provenir de hombre alguno, sino de Dios. Él es Quién llama, comisiona y capacita a la persona para que pueda cumplir y completar su propósito. Ningún hombre puede equipar a otro con lo que requiere para desenvolverse en el plano espiritual. Siendo así, si el llamado no proviene de arriba, sino de los hombres, es completamente ineficaz e irrelevante en cuanto a las cosas del Espíritu. Dios es quien hace habitar su Espíritu en nuestros corazones y nos hace ministros competentes del nuevo pacto.

Por ello, cuando los hijos del sacerdote Esceva quisieron reprender a un demonio en **Hechos 19:13-16**, invocando el nombre de Jesús sobre los que tenían espíritus malos, no solo no pudieron sino que también fueron avergonzados, desnudados, heridos y debieron huir. *"...el espíritu malo, dijo:a Jesús conozco, y sé quién es Pablo; pero vosotros, ¿quiénes sois?..."* Muchos son avergonzados por el hecho de pretender ser y hacer lo que Dios no les ha dicho, y por no estar bajo su autoridad y cobertura.

Cuando leemos las epístolas Paulinas, podemos constatar que el Señor mismo es quien derrama sus dones sobre los hombres y Él que también les asigna un ministerio, un servicio. Por lo cual dice: *"Y él mismo constituyó a unos, apóstoles; a otros, profetas; a otros, evangelistas; a otros, pastores y maestros"*. **Efesios 4:11**.

Segundo: Somos llamados por la pura gracia de Dios. Cuando el apóstol dice: *"pero cuando agradó a Dios…"* Está poniendo en manifiesto que no fue él quien escogió a Dios, sino que fue Dios quien le escogió por su gracia y voluntad, y en el momento oportuno. No fue a causa de sus méritos, elocuencia y capacidades que recibió un llamamiento, sino que fue por el simple gusto y conocimiento anticipado de Dios. De hecho, Pablo confiesa, en esa misma carta, cómo en su vida pasada perseguía y asolaba a la iglesia de Cristo a la cual después amó.

Al igual que Pablo, el Señor también *"nos escogió en él antes de la fundación del mundo",…, "según el puro afecto de su voluntad"* **Efesios 1:4-5**. Nada hemos hecho para merecer tan grande gracia, la cual no consistió *"… en que nosotros hayamos amado a Dios, sino en que él nos amó a nosotros, y envió a su Hijo en propiciación por nuestros pecados"* **1 Juan 4:10**.

Algo similar sucedió con la escogencia del pueblo de Israel. El Señor les declaró en **Deuteronomio 7:6-8**: *"Porque tú eres pueblo santo para Jehová tu Dios; Jehová tu Dios te ha escogido para serle un pueblo especial, más que todos los pueblos que están sobre la tierra. No por ser vosotros más que todos los pueblos os ha querido Jehová y os ha escogido, pues vosotros erais el más insignificante de todos los pueblos; sino por cuanto Jehová os amó, y quiso guardar el juramento que juró a vuestros padres, os ha sacado Jehová con mano poderosa, y os ha rescatado de servidumbre, de la mano de Faraón rey de Egipto"*

La gracia, los dones y el perdón de Dios son completamente inmerecidos. Es por ello que, en el original griego, estas tres palabras tienen la misma raíz y hablan de que son dádivas de Dios. Por puro amor y por el puro afecto de su voluntad es que ahora somos sus hijos y podemos participar de su naturaleza divina.

Tercero: El llamado es trascendental y atemporal. Dios *"nos escogió en él* *antes de la fundación del mundo"* **Efesios 1: 5**.

A partir de estas aseveraciones Pablo nos recuerda que Dios es Omnisciente y Omnipresente. Él trasciende al tiempo y al espacio. Él conoce nuestras vidas de principio a fin. Conoce el día de nuestro nacimiento y el de nuestra separación de este cuerpo. Los años, meses, días y aun el momento exacto en que partiremos de este mundo. Sabe si le obedeceremos o no. Si nos decantaremos por Él, o si decidiremos darle la espalda y ser rebeldes.

Nosotros, en nuestras mentes finitas, muchas veces dudamos acerca de nuestro llamado y, dependiendo de nuestra edad y circunstancia actuales, le damos credibilidad o no. Lo que Dios dijo que va a hacer en nosotros lo hará, sin importar nuestra edad ni nuestras circunstancias. Creamos en sus palabras y promesas.

Cuando el Señor llamó a Jeremías le dijo*: "Antes que te formase en el vientre te conocí, y antes que nacieses te santifiqué, te di por profeta a las naciones"*. **Jeremías 1:5**. La omnisciencia de Dios le permite conocer toda nuestra historia, aun antes de ser escrita. Por ello el apóstol Pedro dijo, en su primera epístola, que fuimos *"elegidos según la presciencia de Dios Padre en santificación del Espíritu, para obedecer y ser rociados con la sangre de Jesucristo"* **1 Pedro 1:1-2**. Esa palabra "presciencia" nos habla del conocimiento anticipado de Dios

Cuarto: Dios nos *"apartó desde el vientre"* **Gálatas 1:15**. El llamado transciende a nuestra persona y aún a la voluntad de nuestros padres. Personalmente, siento mucho amor por mis padres. Y les estoy agradecido inmensamente por haber sido esos bellos instrumentos que Dios uso para traerme a este mundo, por haberme sustentado y educado de la forma en que lo hicieron y el amor que me han brindado. Dios les guarde y bendiga grandemente. No obstante, debo decir, que por sobre el propósito de nuestros padres, hay uno mayor; el de aquél que nos creó y entretejió en el vientre de nuestras madres y nos creó con un propósito muy particular.

En **Isaías 49:15** el Señor nos dice: *"¿Se olvidará la mujer de lo que dio a luz, para dejar de compadecerse del hijo de su vientre? Aunque olvide ella, yo nunca me olvidaré de ti."* Difícilmente, una madre podría desamparar y abandonar a un hijo, por el gran amor que le guarda, mas, si así ocurriera, el Señor dice: *"Yo nunca no me olvidaré de ti"*. David estaba persuadido de esto y escribió esta hermosa declaración en uno de sus salmos *"Aunque mi padre y mi madre me dejaran, con todo, Jehová me recogerá"* **Salmos 27:10**.

El Señor no nos dejará y ni nos desamparará. Nada nos podrá apartar de su amor. Pablo escribió: *"Por lo cual estoy seguro de que ni la muerte, ni la vida, ni ángeles, ni principados, ni potestades, ni lo presente, ni lo por venir, ni lo alto, ni lo profundo, ni ninguna otra cosa creada nos podrá separar del amor de Dios, que es en Cristo Jesús Señor nuestro"* **Romanos 8:38-39**.

Quisiera que estas ideas queden selladas en sus mentes y corazones. Entiendo que muchas personas han sufrido abandono y desprecio de diferentes fuentes, de sus padres, familiares, parejas, amigos, etc. Incluso, muchos han escuchado frases como "tú eres consecuencia de un error, de un desliz, de un mal cálculo o una mala planificación". Pero, aunque ellos pudieran expresar estas palabras, por ignorancia, insensibilidad o un dolor en sus corazones, déjame decirte que para Dios no eres un error, ni producto de un mal cálculo. Él te tuvo en sus planes, por ello te creó y te llamó con propósito y te ama aún más allá de lo comprensible.

Quinto: *"para que yo le predicase entre los gentiles"*. El Llamado conlleva en sí mismo un propósito. En este punto, hay mucha tela que cortar y será desarrollado a lo largo de este libro. Como les dijimos inicialmente, la palabra "llamado" ha sido empleada en diferentes contextos y con diversos fines.

Es una realidad que todos nosotros hemos sido llamados con propósitos comunes y no comunes. En el caso de Pablo, se le asignó el de predicar el evangelio entre los gentiles. Él adujo en **Gálatas 2: 7-8** *"... vieron que me había sido encomendado el evangelio de la incircuncisión, como a Pedro el de la circuncisión"*. Es decir a Pedro se le encargó el anunciar el evangelio a los judíos y a Pablo a los que no lo son. Con esto no quiero decir, que Pablo se cerró completamente y no predicó a los judíos, lo que quiero recalcar es que su enfoque principal fue hacia los gentiles. Él tenía clara su visión y misión y se enfocó en ella.

Pablo también entendía que su ocupación principal no era la de bautizar, sino la de predicar, no obstante en su momento, también bautizó. Él dijo: *"Pues no me envió Cristo a bautizar, sino a predicar el evangelio…"* **1 Corintios 1:17**. Es importante reconocer nuestra visión de vida para que podamos enfocarnos en ella, incluso cuando tenemos la tentación de involucrarnos en otras áreas y otras tareas.

En mi experiencia, salvando la distancia con todos aquellos que me preceden, por la gracia de Dios he podido entender que mi llamado principal ha sido hacia la escritura y la enseñanza. Gracias a Dios, he tenido la oportunidad, de predicar en púlpitos y en plazas en diferentes lugares, sin embargo, yo sé que el Señor, entre otras cosas, me llamó a escribir y en eso he tratado de centrar mis fuerzas. De hecho, es una de las cosas que más me apasiona, ya que a través de la escritura puedo transmitir, de una manera extendida, mensajes que desde un púlpito no me sería posible. Siento que a través de la tinta puedo aproximarme más a las personas.

No quiero extenderme por ahora en este tópico, ya que no es el punto central en esta sección, pero si quiero remarcar que no todos tenemos el mismo llamado ni todos cumplimos la misma función en la iglesia. Cada quien debe pensar de sí con cordura, comedidamente, de acuerdo al don y la gracia que ha recibido del Señor.

Sexto: *"no consulté en seguida con carne y sangre"*. Considero que esta afirmación del apóstol, lejos de mostrar una actitud de prepotencia y jactancia, denota una posición de convicción y fe hacia aquel que le llamó y comisionó. Pablo estaba claro en que su llamado era de origen divino. Siendo así, no requería de la aprobación o confirmación de ningún ser humano. Sin embargo, es importante que nosotros no confundamos esta actitud con una falta de amor o sujeción a las autoridades.

Quiero enfatizar que no todos creerán en tu llamado, ni te apoyarán, ni estarán de acuerdo. Muchos ni siquiera lo entenderán y otros, hasta se pondrían oponer. Sencillamente, no han visto lo que tú y no han sido persuadidos, por medio de la fe, de lo que Dios te ha mostrado. Tal vez algún día, si la voluntad de Dios así lo quiere, reconocerán tu llamado y verán su manifestación.

Amados, no quiero que erremos tomando una postura de ignorancia y soberbia, cerrándonos al consejo e instrucción de otras personas, irrespetando su liderazgo y trayectoria. Dios nos habla de una y otra manera y, muchas veces, utiliza a siervos y hermanos para afirmar nuestros corazones y para que funjan como esos mentores que necesitamos a lo largo de nuestra travesía. Recordemos lo que dicen las Escrituras: *"Sin consulta, los planes se frustran, pero con muchos consejeros, triunfan"* **Proverbios 15:22 TBLA**.

Dios hace todo en su tiempo y conforme a su Gracia. David, aun sabiendo que había sido ungido por Dios como rey, se mantuvo en sujeción y respeto ante el aquél que le antecedía, y no osó a levantar ni un dedo contra él, reconociendo que Dios también le había ungido. Posteriormente, a David le llegó el momento de asumir su rol como monarca en Israel.

Por otro lado, también debemos reconocer que muchos no creerán en nosotros. Pablo debió defender su llamado y ministerio, reiteradamente, ya que la muchedumbre no creía en su apostolado debido a su vida pasada, cuando perseguía a la iglesia. Hasta que, en su momento y a causa de su buen testimonio en el evangelio; Jacobo, Pedro y Juan, quienes eran considerados como columna de la iglesia, extendieron su diestra a Pablo y a Bernabé, en señal de confianza y compañerismo, para que predicasen el evangelio a los gentiles. A la postre, incluso Pedro debió reconocer la profundidad de los escritos de Pablo y al hablar de él lo hizo calificándolo como *"nuestro amado hermano Pablo"* (**2 Pedro 3:15-16**).

Ciertamente Pablo fue un hombre que tuvo una vida muy fructífera en el Señor. No obstante, tuvo mucha oposición y desprecio tanto del pueblo gentil como del judío. Y no solo desprecio, sino que sufrió en carne propia, lo que significa ser apedreado y golpeado a causa del testimonio de Cristo. Todo esto, lejos de hacerlo desistir, confirmó su llamado.

Algo similar ocurrió a nuestro amado Señor Jesucristo, salvando las distancias. Muchos no creyeron en Él, incluyendo a sus familiares, amigos y vecinos. Inclusive sus hermanos en su momento lo tildaron de loco, afirmando que estaba fuera de sí.

De Jesús se decía: *¿No es este el hijo del carpintero? ¿No se llama su mamá María y sus hermanos Santiago, José, Simón y Judas? ¿Acaso no están todas sus hermanas aquí con nosotros? Entonces, ¿de dónde sacó este toda esta sabiduría y poder?* **Mateo 15:55,56**. Jesús a lo suyo vino y los suyos no le recibieron. El pueblo que esperaba al Mesías, al momento de su manifestación no le amaron ni le estimaron, porque no pudieron reconocerlo. Por eso el Señor dijo que ningún profeta es bien recibido en su propia tierra. Si eso hicieron con el Maestro ¿Qué no harán con nosotros?

De nosotros también se podría decir: "pero si este es fulanito de tal, con él estudiamos la primaria". "A él le gané jugando al football". O: "Su familia era la más problemática del barrio, y él era el peor de todos". "Con él amanecimos más de una vez borrachos en la acera de la cuadra". Por esta causa, muchos no creerán en lo que Dios ha depositado en ti y te serán de tropiezo. Muchos "peros" se levantarán contra tus sueños. Muchos no te verán como calificado. Muchos no apostarán por ti y tendrán innumerables razones para no hacerlo. Satanás se servirá de esos argumentos para atacar tu mente y pretender frustrar tus sueños y el propósito de Dios. Pero tú, mantente firme, con fe y convicción.

De nuestra parte, es necesario que reconozcamos lo que hemos recibido de parte de Dios y lo que no. Es importante ser comedido y no inflarse ante las alabanzas de los hombres, para que cuando vengan las críticas y las detracciones, no nos desinflemos.

Amados, estas Palabras las expreso para que mantengamos nuestra fe y mirada puesta en Jesús. Parafraseando lo que dijo Pedro en su primera carta, a muchos les parecerá cosa extraña que nosotros no corramos con ellos en el mismo desenfreno, y nos ultrajarán, hablarán mal de nosotros e, incluso, nos perseguirán, a causa de nuestra llamado (**1 Pedro 4:5**). No desmayemos en este camino, más bien movámonos en fe, creyendo en las promesas que Dios nos ha dado.

Para finalizar esta sección, debo decirles que no conviene hablar a todos acerca de nuestra visión y misión de vida. Muchos no la creerán, otros la desestimarán y otros, inclusive, estarán en contra y lucharán contra ella. Dios nos hace un llamado, lo va confirmando y afirmando a través de palabras y hechos. Hagamos como María, quien al oír sobre las grandezas que se hablaban de su hijo Jesús, *"...guardaba todas estas cosas, meditándolas en su corazón"* **Lucas 2:19**.

Todo tiene su tiempo

Al Espíritu le plació dedicar muchos capítulos de las Escrituras para hablar de las vidas de hombres y mujeres quienes, a través de una larga carrera y una reconocida trayectoria, forjaron sus nombres en las crónicas del pueblo de Israel. Nombres como los de Abraham, José, Samuel, David, Daniel y Jeremías no nos son desconocidos a causa del impacto que causaron en sus generaciones. No obstante, estas personas no siempre fueron reyes ni profetas, ni estuvieron al frente en el campo de batalla sino que, aunque ya habían sido apartados desde antes de nacer, les llegó un día y una hora para aparecer en escena y asumir su rol.

Por otro lado, también ha habido otras personas quienes, por un "solo" acto de fe, dejaron una impresión con tinta indeleble en los pergaminos de la historia. Ellos, ante los ojos del mundo, pasaron desapercibidos prácticamente durante toda su vida hasta que les llegó el tiempo oportuno y la hora señalada.

Para ejemplificar la idea anteriormente expuesta, veamos el caso de Rahab, quien ejercía el penoso oficio de prostitución en Jericó. Ella, a través de una sola obra, no solo produjo que su nombre quedara registrado en el listado de los héroes de la fe, ubicado en **Hebreos 11**, y consiguió conservar su vida y la de su familia; sino que también, por la gracia de Dios, tuvo la gran bendición de formar parte del linaje que traería al Mesías al mundo. De ella habló Santiago diciendo: *"Asimismo también Rahab la ramera, ¿no fue justificada por obras, cuando recibió a los mensajeros y los envió por otro camino?"* **Santiago 2:25**. Ese evento fue el punto de inflexión para dar un vuelco a su vida e historia.

Vemos también el testimonio de aquella mujer que quebrantó el vaso de alabastro para derramar un caro perfume de nardo sobre la cabeza de Jesús. Con esta acción ella, sin saberlo, se había anticipado a ungir al maestro para su sepultura. Su historia se sigue difundiendo hasta nuestros días y el Señor dijo acerca de su persona: *"De cierto os digo que dondequiera que se predique este evangelio, en todo el mundo, también se contará lo que ésta ha hecho, para memoria de ella"* **Marcos 14:9**.

Como estos abundan otros ejemplos, dentro y fuera de la Biblia, de hombres y mujeres quienes a través de un acto de amor y fe han hecho historia, cambiando el rumbo de sus vidas y el de otros. Puede ser que no se tengan mayores detalles de sus biografías ni de sus genealogías, pero esto no quiere decir que no hubiesen sido preparadas y apartadas por Dios para un momento particular y una hora trascendental.

En el libro de Eclesiastés encontramos un par de sentencias dignas de meditar y guardar en nuestros corazones. La primera dicta que *"Todo tiene su tiempo, y todo lo que se quiere debajo del cielo tiene su hora"* **Eclesiastés 3:1**. La segunda dice: "*...tiempo y ocasión acontecen a todos"* **Eclesiastés 9: 11**.

Tiempo y oportunidades a todos nos llegan. Queda de nuestro lado prepararnos para ese día y alistarnos para aquella hora. ¿Cómo? Creyendo en la palabra que el Señor nos confirió y actuando en consecuencia. Guardándonos con integridad, porque sabemos que algo grande vendrá. No siendo perezosos sino perseverantes y esforzados en la gracia aunque, de momento, no veamos el fruto de nuestra siembra. Aprovechando bien nuestro tiempo y recursos, invirtiéndolos en aquello que produce verdadera ganancia. Estos son algunos rasgos característicos de los que alcanzan promesas.

Ahora bien, estudiando la vida de algunos personajes bíblicos, observamos como muchos tuvieron vivencias y atravesaron situaciones que los prepararon y los condujeron a alcanzar aquello para lo cual habían sido reservados. Cuando leemos en el libro de Génesis la historia de José, hijo de Jacob, observamos que a causa de su amor y reverencia a Dios, soportó años de esclavitud y prisión, antes de que le llegase la hora de presentarse ante faraón e interpretar sus sueños. Seguidamente, él fue promovido a gobernador de Egipto, quedando solamente por debajo del monarca. José pudo reconocer que

Dios había permitido todo ese proceso en su vida para hacer posible la salvación de mucho pueblo, tanto la del pueblo Israel como la de Egipto y las tierras circundantes. Trece años pasaron desde el momento que José recibió los sueños que le hablaban de gobernar hasta la hora de su cumplimiento. Pero algo muy importante que se debe señalar es que, durante todos sus procesos, Dios estaba con él. Amados, olvidemos que Dios ha estado, está y estará con nosotros donde quiera que vayamos, no nos dejará, incluso en las circunstancias más difíciles.

Otro ejemplo que me parece muy enternecedor fue el de la reina Ester. Ella fue una hermosa doncella judía, huérfana e hija adoptiva de su primo Mardoqueo. Ester llegó a convertirse en la reina de Persia y de Media, al casarse con el rey Asuero. La historia relata cómo Ester fue preparada, al igual que otras doncellas, en diferentes ámbitos, durante un año entero para el día en que se presentaría ante el rey. La Palabra dice que *"el rey amó a Ester más que a todas las otras mujeres, y halló ella gracia y benevolencia delante de él más que todas las demás vírgenes; y puso la corona real en su cabeza..."* **Ester 2:17**.

Pocos pueden comprender el conjunto de emociones que pudieron haber traspasado el corazón de la futura reina, en el momento que debió presentarse ante el rey. Todo un año de preparación para que, en un solo día, se definiese su futuro.

Es probable que emociones similares, en su contexto y proporción, puedan ser percibidas por los velocistas olímpicos. Ellos saben que una medalla de oro no solo es el fruto de una victoria obtenida en los diez segundos de una competencia, sino que es el resultado de días y noches de esfuerzo, dedicación, abstenciones y, muchas veces, dolor. Los diez segundos de una carrera solo sirven para poner en manifiesto lo que se ha ganado en años de trabajo y sacrificios.

Cuando leemos el libro Ester, podemos ver también como la reina había sido escogida para un propósito aún más significativo y para un momento más transcendental. Ella fue apartada por el Señor para el día y la hora en que tenía que acudir ante el rey, poniendo en riesgo su propia vida, para interceder por su pueblo y librarlo de un genocidio, a causa de la conspiración tramada por Amán, un acérrimo enemigo de Mardoqueo y del pueblo judío. Esta es una historia fascinante donde se pone en manifiesto como Satanás se vale de innumerables intrigas y artimañas para tratar de destruir a los hombres de Dios, pero también muestra como Dios convierte todas esas maquinaciones y ardides en bendiciones para su gente y las utiliza para promoverlos.

Entonces Mardoqueo mando a decir a Ester: *"No pienses que escaparás en la casa del rey más que cualquier otro judío. Porque si callas absolutamente en este tiempo, respiro y liberación vendrá de alguna otra parte para los judíos; mas tú y la casa de tu padre pereceréis. ¿Y quién sabe si para esta hora has llegado al reino?"* **Ester 4:14**.

"¿Y quién sabe si para esta hora has llegado?" Esta impactante interrogación de seguro movió los cimientos de la reina. Toda una vida, toda una preparación para un momento determinante, para cumplir con un propósito divino. Dios nos coloca en ciertos lugares por algo y para algo, no solo para recibir bendición, sino también para ser de bendición para los demás.

Por otro lado, si leemos en las Escrituras acerca de la vida de nuestro amado Señor Jesucristo, nos daremos cuenta que no hay muchos detalles acerca de su infancia y de los años anteriores a su aparición pública, pero entendemos que Él tenía un tiempo determinado para su manifestación. Él entendía que todo tiene su tiempo y su hora. En una oportunidad Jesús dijo a María, su madre, *"¿Qué tienes conmigo, mujer? Aún no ha venido mi hora"* **Juan 2:4**. Y en otra ocasión, cuando sus hermanos le increpaban, diciendo *"Sal de aquí, y vete a Judea, para que también tus discípulos vean las obras que haces"*...*"Jesús les dijo: Mi tiempo aún no ha llegado, mas vuestro tiempo siempre está presto"* **Juan 7:3,6**.

Jesús tenía unos treinta años cuando comenzó su ministerio, tal como lo hacían los sacerdotes en el antiguo pacto. Sin embargo, antes de esa edad, las escrituras publican que *"Jesús crecía en sabiduría, en estatura y en gracia para con Dios y los hombres"* **Lucas 2:52**. Hasta que llegó el día y la hora, y *"Después que Juan fue encarcelado, Jesús vino a Galilea predicando el evangelio del reino de Dios, diciendo: El tiempo se ha cumplido, y el reino de Dios se ha acercado; arrepentíos, y creed en el evangelio"* En **Marcos 1:14-15**.

Dios se hizo carne y se manifestó en la persona de Jesús para llevar a cabo su obra redentora y dar salvación a los hombres, a través de su muerte en la cruz del calvario. El Justo murió por los injustos y el Señor tenía un tiempo preestablecido para el cumplimiento de esta palabra. En sus momentos de inquietud, el Maestro dijo: *"Ahora mi alma se ha angustiado; y ¿qué diré: ``Padre, sálvame de esta hora? Pero para esto he llegado a esta hora"* **Juan 12:27 TBLA**. Una hora, un tiempo y una ocasión señalada para cumplir su propósito.

Prepárate para tu Hora

Para finalizar, debemos admitir que tendemos a admirar los éxitos obtenidos por muchos hombres de fe pero, a veces, ignoramos las pruebas y los desafíos que afrontaron para conseguirlos. Sus vidas no fueron producto de un golpe de suerte. Muchos tomaron difíciles y riesgosas decisiones. Tuvieron altos y bajos, ganancias y pérdidas. Algunos debieron comenzar desde cero, en reiteradas oportunidades, siendo sostenidos solo por su fe y, de esta forma, pudieron ver la gloria de Dios manifestada en sus vidas.

De nuestro lado, preparémonos y hagamos buen uso de nuestros recursos y del tiempo, tal como lo aconsejó el apóstol Pablo, cuando dijo: *"Por tanto, tened cuidado cómo andáis; no como insensatos, sino como sabios, aprovechando bien el tiempo, porque los días son malos"* **Efesios 5:15-17**. En esta sentencia hay dos términos que quisiera resaltar. El primero es el vocablo *"aprovechar"*, que proviene de la palabra griega **"Exagorazo"**, que quiere decir Redimir, comprar, rescatar. El segundo es el término "tiempo", del griego **Kairos**, el cual va más allá de una simple connotación cronológica y nos habla de una oportunidad, el tiempo oportuno, la ocasión perfecta. El tiempo es un recurso valioso y que se debe administrar. Tal vez, no conocemos con exactitud el día y la hora en que la oportunidad tocará a la puerta, pero preparémonos para aquel momento.

Enfoquemos nuestras miradas y energías en aquello que contribuye a nuestro crecimiento y avance en el Señor y, de esta manera, no lanzaremos golpes al aire ni malgastemos nuestras fuerzas en cuestiones insulsas. Pablo dijo: *"Todo es lícito, pero no todo es de provecho. Todo es lícito, pero no todo edifica"* **1 Corintios 10:23 TLBA**. Que esta máxima nos ayude a identificar cuáles son las cosas que nos convienen y suman a nuestras vidas, y cuáles no. Éstas últimas, tal vez no se vean como pecado, a primera vista, pero se convierten en peso y estorbo en nuestras carreras. Horas de distracción en las redes sociales, en el internet y la televisión, por ejemplo, podrían fácilmente convertirse en pesos y estorbos para nuestro crecimiento.

Algunos se desesperan e impacientan por no haber recibido aquello que anhelan, pensando si vale la pena seguir esperando y guardándose con integridad. Sin embargo, no ignoremos que el trabajo en el Señor no es en vano y, en su tiempo, recibiremos fruto de lo sembrado. La fe y paciencia son las claves para cosechar. No seamos *"perezosos, sino imitadores de los que mediante la fe y la paciencia heredan las promesas"* **Hebreos 6:12**. Reposemos en el Señor y declaremos con toda convicción, tal como lo hizo el David: *"Mas yo en ti confío, oh Jehová; Digo: Tú eres mi Dios. En tu mano están mis tiempos..."* **Salmos 31:14-15**.

Luchemos por nuestros sueños, por aquellos que el Señor ha colocado en nuestros corazones. Como dijo un día un predicador, tal vez no somos los más guapos, ni los más dotados intelectualmente, pero nadie nos puede quitar el hecho de que seamos los más esforzados, decididos y perseverantes. Hagamos todo con amor y pasión aunque nadie alrededor parezca notarlo. Aunque el mundo no nos promueva, el Señor si lo hará. Y tal como dijo Pablo: *"todo lo que hagáis, hacedlo de corazón, como para el Señor y no para los hombres; sabiendo que del Señor recibiréis la recompensa de la herencia, porque a*

Cristo el Señor servís" **Colosenses 3:23-24**.

Mientras tengamos vida, vivamos. Vivamos con intensidad, con fe y con pasión. Pasemos tiempo de calidad con nuestras familias y seres queridos, ya que no siempre los tendremos a nuestro lado. Amemos, perdonemos, creamos, levantemos, animemos, porque para esto fuimos llamados. Que el poco o el mucho tiempo que nos quede por vivir, lo vivamos en el Señor, para que a través de nosotros su nombre sea glorificado. Tengamos un sueño, tracemos un plan y pongámoslo en acción.

...Escribe la visión, y declárala en tablas, para que corra el que leyere en ella. Aunque la visión tardará aún por un tiempo, mas se apresura hacia el fin, y no mentirá; aunque tardare, espéralo, porque sin duda vendrá, no tardará". **Habacuc 2:2-3**.

Es hora de Emprender

El deseo de todo buen padre es que sus hijos sean prosperados y bendecidos en todo lo que hagan. Si este es el anhelo de nuestros padres mortales, cuánto más no lo será el de nuestro Padre celestial, cuyos pensamientos son más elevados que los nuestros. Dios tiene designios de bien para con nosotros y sus sendas son de paz y bienestar, aunque por momentos, no las entendamos. Este deseo de prosperidad fue expresado por el apóstol Juan cuando escribió a Gayo, diciendo: *"Amado, yo deseo que tú seas prosperado en todas las cosas, y que tengas salud, así como prospera tu alma"* **3 Juan 2**.

Algunos asocian a la palabra prosperidad con el materialismo y a la vanagloria. Sin embargo, cuando estudiamos este término, en las Escrituras y en su original griego **"Euodoó"**, vemos que su significado es mucho más trascendental. **"Euodoó"**, es el producto de la conjunción de dos vocablos: de **"eú"**, "*bien, bueno*" y de **"hodós"**, "*un viaje en determinada ruta*". Significa: *"(Propiamente) emprender un viaje próspero; (figuradamente) estar en el camino correcto (provechoso), es decir, aquél que conduce al verdadero éxito (buena fortuna), en el cual uno realmente prospera..."* **Concordancia Strong 2137** [a]. Este camino, en el cual realmente se prospera, no es necesariamente el más atractivo o con menos obstáculos, sino que muchas veces se presenta como el más escabroso pero el que también trae los mayores galardones. Por eso, Jesús dijo: *"porque estrecha es la puerta, y angosto el camino que lleva a la vida, y pocos son los que la hallan"* **Mateo 7:14**.

El verdadero éxito está asociado a la medida en que progresamos en nuestra vida espiritual y en nuestra alma. En este sentido, la prosperidad del hombre está estrechamente ligada al crecimiento y desarrollo del carácter de Cristo en su persona. Por ende, Juan dijo: *"yo deseo que tú seas prosperado... así como prospera tu alma"*. Si tu alma prospera, tu vida prospera.

La auténtica prosperidad trasciende al éxito económico y al reconocimiento humano. Ella implica el ver la mano de Dios en los diferentes aspectos de nuestras vidas. Sobretodo ver como Él va forjando, en nuestro interior, un hombre que se hace cada vez más sensible a su sentir y sus planes. Prosperamos cuando el amor y la sabiduría de Dios van creciendo en nuestros corazones, cambiando nuestra manera de pensar, sentir y actuar. Porque, tal como se ha recalcado a lo largo de este libro, se puede tener riquezas materiales y ser un individuo muy desdichado. Se puede tener la habilidad y facultad para hacer riquezas, pero no de disfrutarlas. Y se puede tener abundancia de pan, pero no de paz. Las Escrituras subrayan estas ideas, diáfanamente, cuando dicen:

"Mejor es un bocado seco y con él tranquilidad, que una casa llena de banquetes con discordia" **Proverbios 17:1 TBLA**.

"Más vale un puño lleno con descanso, que *ambos puños llenos con trabajo y aflicción de espíritu"* **Eclesiastés 4:6**

"La bendición de Jehová es la que enriquece, Y no añade tristeza con ella" **Proverbios 10:22**.

"...Mirad, y guardaos de toda avaricia; porque la vida del hombre no consiste en la abundancia de los bienes que posee" **Lucas 12:15**.

Por otro lado, la prosperidad de un hijo de Dios no solo está asociada a su progreso en el ámbito "religioso", cuando nos desenvolvemos dentro de una congregación. Ella está ligada al cumplimiento del propósito de Dios en cada área de nuestras vidas, en nuestros proyectos, finanzas, familias, relaciones interpersonales, empresas, estudios, etc. Y, para que esto sea una realidad patente, no hay otra manera que reconocer la benevolente y benéfica mano del Señor en todas nuestras sendas. Saber que Él cuida de nosotros, en todo momento y que, para Él, nada es una nimiedad. El libro de proverbios enuncia: *"Fíate de Jehová de todo tu corazón, Y no te apoyes en tu propia prudencia. Reconócelo en todos tus caminos, Y él enderezará tus veredas."* **Proverbios 3:5-8**.

Les invito, apenas puedan, a leer en el libro Deuteronomio capítulo 28 desde los versos 1 al 14. Allí se enumeran un conjunto de bendiciones que Dios tiene reservadas para los que le aman y guardan sus mandamientos. Por ahora, les traigo como adelanto un pequeño extracto, allí dice: *"Acontecerá que si oyeres atentamente la voz de Jehová tu Dios, para guardar y poner por obra todos sus mandamientos que yo te prescribo hoy, también Jehová tu Dios te exaltará sobre todas las naciones de la tierra. Y vendrán sobre ti todas estas bendiciones, y te alcanzarán, si oyeres la voz de Jehová tu Dios. Bendito serás tú en la ciudad, y bendito tú en el campo. Bendito el fruto de tu vientre, el fruto de tu tierra, el fruto de tus bestias, la cría de tus vacas y los rebaños de tus ovejas. Benditas serán tu canasta y tu artesa de amasar. Bendito serás en tu entrar, y bendito en tu salir..."* **Deuteronomio 28:1-6**.

Dios pone sobre la mesa hermosas promesas. Todo está servido. De nuestra parte, solamente nos queda escoger el bien, escogerlo a Él. Amar su Palabra y ponerla por obra. Las bendiciones de Dios irán tras nosotros y nos alcanzarán. Dios es fiel y verdadero. Jesús dijo que nuestro Padre sabe cuáles son nuestras necesidades antes de pedírselas, por ello hizo hincapié en que busquemos *"primeramente el reino de Dios y su justicia, y todas estas cosas os serán añadidas"* **Mateo 6:33**.

El hecho de ser prosperados no significa que no vayamos a atravesar pruebas, procesos y momentos de tormentas, pero sí quiere decir que Dios estará con nosotros donde quiera que vayamos y, por lo tanto, no estaremos solos. Que, aunque el enemigo se levante contra nosotros, no temerá nuestro corazón porque el Señor es nuestra fortaleza.

Comienza a caminar

Cuando recibimos una visión, de parte del Señor, no podemos quedarnos inertes sino que debemos navegar, suavemente y a su ritmo, en ese itinerario que nos conduce al cumplimiento de la misma. De no ser así, correríamos el riesgo de no pasar de ser simples soñadores e idealistas. El apóstol Pablo afirmó que *"...Dios es quien obra en vosotros* (en nosotros) *tanto el querer como el hacer, para su beneplácito"* **Filipenses 2:13 TBLA**. En consecuencia, si Dios engendra un sueño en nuestros corazones, Él también proveerá la energía y el trabajo, necesarios, para llevarlo a cabo.

El término "Emprendimiento" está muy de moda y es una de las palabras favoritas, empleada por los nuevos coaches y motivadores, para impulsar a otros a iniciarse en el ámbito empresarial y procurar la independencia económica. Por ello, muchos asocian esta palabra con los negocios, los proyectos y la prosperidad financiera. Sin embargo, si profundizamos en este concepto nos daremos cuenta que su significado es mucho más amplio. Se puede emprender en muchos sentidos. Por ejemplo, se puede comenzar una vida matrimonial, la edificación de una casa, una carrera profesional, en un nuevo empleo, un proyecto musical, la escritura de un libro, el aprendizaje de un idioma, etc. Todas estas "empresas" podrían ser consideradas como un emprendimiento y, como tal, requieren de fe, tiempo, planificación, reflexión, meditación, trabajo, dedicación y acción. Todas ellas implican una inversión e incluyen riesgos.

El Señor Jesús dijo en el evangelio de Lucas: *"Porque ¿quién de vosotros, queriendo edificar una torre, no se sienta primero y calcula los gastos, a ver si tiene lo que necesita para acabarla? No sea que después que haya puesto el cimiento, y no pueda acabarla, todos los que lo vean comiencen a hacer burla de él, diciendo: Este hombre comenzó a edificar, y no pudo acabar"* **Lucas 14:28-30**. Si es necesario hacer cálculos y estimaciones en el ámbito secular, cuánto lo será en el espiritual.

En esta sección cuando hablo de realizar cálculos no me refiero, exactamente, a que nos sentemos a valorar cuales son de nuestras fortalezas y posibilidades humanas, porque lo que Dios puede hacer con nosotros va mucho más allá de ellas. Y, en innumerables oportunidades, nos daremos cuenta que nuestras matemáticas son totalmente inexactas cuando queremos aplicarlas en la dimensión espiritual, y lo digo por experiencia. Cuando hablamos de realizar cálculos me refiero, más bien, a que debemos entender lo que implica la consecución de lo que deseamos y de lo que creemos. Algunas veces esto se puede traducir en la pérdida de un empleo, por sostener nuestras convicciones. Podrían acarrear el desprecio y menosprecio de otros, incluyendo familiares y amigos, a causa de nuestra fe. Podrían significar periodos de estrechez y dificultades pero que, a la postre, serán seguidos de tiempos de gozo, refrigerio y satisfacción.

Cada quien debe sentarse a calcular lo que implica la decisión de creer en Jesús y confiar en sus promesas. No se trata de decir solamente "tengo fe", se trata también de moverse y actuar conforme a esa convicción. Trabajar en aquello que Dios nos señaló como proyecto.

Cuando Dios nos da una visión, un sueño y un propósito, estos también se podrían ver como un emprendimiento. El Señor nos insta a que seamos esforzados y valientes, y a que no desistamos en nuestra carrera. Jesús dijo, cualquiera que toma el arado y ve para atrás no es digno de Mí. El que quiera venir en pos de Mí, niéguese a sí mismo, tome su cruz cada día y sígame (paráfrasis Mateo 16:24).

Por otro lado, el Señor le dijo a Josué, en el momento que lo estaba preparando para la conquista de la tierra prometida, que se esforzara, que fuera valiente y que guardara sus Palabras y, de esta manera, sería prosperado en todo lo que emprendiera. Le dijo: harás prosperar tu camino y todo te saldrá bien, porque el Señor estará contigo donde quiera que vayas. Nosotros también seamos esforzados y valientes, sobre todo para guardar y poner por obra la Palabra de Dios, confiados y cimentados en sus promesas y edificando sobre el fundamento sólido de la fe. Corramos esta carrera con paciencia y con pasos firmes. El Señor está con nosotros.

"Solamente esfuérzate y sé muy valiente, para cuidar de hacer conforme a toda la ley que mi siervo Moisés te mandó; no te apartes de ella ni a diestra ni a siniestra, para que seas prosperado en todas las cosas que emprendas. Nunca se apartará de tu boca este libro de la ley, sino que de día y de noche meditarás en él, para que guardes y hagas conforme a todo lo que en él está escrito; porque entonces harás prosperar tu camino, y todo te saldrá bien. Mira que te mando que te esfuerces y seas valiente; no temas ni desmayes, porque Jehová tu Dios estará contigo en dondequiera que vayas".

Josué 1:7-9

El Gran Llamamiento

E l Señor nos llama con múltiples y hermosos propósitos, según la gracia y el don que ha concedido a cada quien en particular. Algunos de estos propósitos son comunes y otros, muy personales. Con respecto a los personales, podríamos decir que Dios creó a cada quien de una manera especial y con características singulares, lo cual nos hace individuos completamente originales. Esto podemos evidenciarlo, fácilmente, viéndonos al espejo u observando nuestras huellas digitales.

Tenemos diferentes personalidades y contamos con diversas habilidades, dones, virtudes y defectos. Nuestra cosmovisión y perspectiva de la vida es única y cada cabeza es un mundo, tal como lo dicta el viejo adagio. Por eso, el Señor trata a cada uno de nosotros en particular. Lo que ha funcionado para alguien no necesariamente lo hará para otro.

Cada quien es moldeado de forma diferente y a cada quien se le dotó de diversos talentos, de los cuales debemos dar cuenta como buenos administradores. No somos un producto de un proceso de producción en masa sino que somos el resultado, sin par, que brota de las agraciadas manos del Maestro. Cada uno de nosotros cuenta con una razón de ser diferente y especial. Es tarea nuestra descubrirla, y esto sólo será posible, conociendo y relacionándonos con Aquel que nos creó. Y esta es mi oración, que puedas vislumbrar tu propósito de vida y sobre todo que puedas vivirlo.

Hablando de los propósitos comunes, en los dos primeros libros de esta serie, se discutió acerca de ellos de manera extendida. Por lo tanto, en este capítulo, les citaremos resumidamente para poder profundizar en aquellos que no se habían tocado hasta ahora. Les invito, apenas puedan, a disfrutar de esas enseñanzas.

Entre los propósitos comunes, encontramos que Dios nos llama para darnos salvación y vida eterna, mediante la fe en Jesucristo. Este es el objeto central de nuestra fe. El Señor no quiere que nadie se pierda, sino que *"todos los hombres sean salvos y vengan al conocimiento de la verdad"* **1 Timoteo 2:4**. De nada le vale al hombre ganar todo el mundo y perder su alma. Por amor a ellas, a nosotros, fue que Cristo se dio en la cruz del calvario. Nuestros cuerpos van a ir al polvo, de donde fueron tomados. Pero ¿Cuál será el destino eterno de nuestras almas? la repuesta a la interrogante es lo más importante en la existencia del hombre. Todo lo que podamos ganar en esta vida no es, ni medianamente, comparable con nuestro futuro eterno.

De igual manera, el Señor nos llama para santificarnos, es decir, para apartarnos para sí, y cumplir en nosotros su voluntad (**1 Pedro 1:15**). La idea de santificación nos parece utópica y religiosa. Sin embargo, la Palabra nos nuestra que la santificación, más allá de una perfección moral, se refiere a ser apartado para Dios, a amar su Palabra y tener una conciencia dispuesta para serle agradable y deleitarnos en Él. Un pueblo apartado para Dios habita bajo la sombra de sus alas y está siendo moldeado en la rueda del alfarero, hasta que Cristo forme su carácter y persona en Él. *"Pues la voluntad de Dios es vuestra santificación;..."* **1 Tesalonicenses 4:3ª**.

Dios nos aparta para sí como su especial tesoro y un pueblo escogido. Somos la niña de sus ojos y ovejas de su prado. Nos hace miembros de su cuerpo y parte de su iglesia. Ahora podemos habitar confiadamente en su casa y sentarnos a su mesa. Así seamos bebes o niños espirituales y, aunque en ocasiones nos comportemos como tales, no dejamos de ser sus hijos, apartados y guardados para Él.

De igual manera, el Señor nos llamó para hacernos *"Participantes de su naturaleza divina"* (**2 Pedro 1:10-11**). El primer libro de esta serie fue titulado de esta manera y en él se habla extensamente acerca de este tópico. "La naturaleza divina de Dios está relacionada con su esencia. Dios quiere que participemos de ella no para que recibamos adoración, porque solo Él es digno de toda la Honra, Gloria y Majestad. Tampoco para que seamos iguales en los atributos que les son únicos, como su Omnipotencia, Omnipresencia, Omnisciencia. Él quiere que participemos de ella para que mostremos la excelencia de su carácter, y moralidad, veamos lo que Él ve, amemos lo que Él ama y aborrezcamos lo que Él aborrece". Participar de su Naturaleza divina es participar de su Espíritu Santo, participar de su amor, porque esa es su naturaleza y esencia, Dios es amor. Este es un punto neurálgico, por ello les invito nuevamente a disfrutar de ese libro.

A continuación vamos a desarrollar y profundizar en otros aspectos muy interesantes con respecto al propósito y llamado de Dios para nuestras vidas.

Llamados para que le conozcamos de una manera personal.

El deseo del Padre Amado es que sus hijos le conozcan de una manera íntima, personal y tengan comunión con Él. Jesús, en su oración por sus discípulos, en el evangelio de Juan, dijo: *"Y esta es la vida eterna: que te conozcan a ti, el único Dios verdadero, y a Jesucristo, a quien has enviado"*. **Juan 17:3**. El todo del hombre es conocer a Dios, su Creador, a aquél que puso en él aliento de vida y le dio razón de ser. No hay nada más importante en el mundo que conocer a aquél que nos hizo y formó en el vientre de nuestras madres. No es posible cumplir con nuestro propósito de vida desligados de aquél que nos creó.

Por su parte, el apóstol Pablo en su carta a los Efesios, dijo: *"...no ceso de dar gracias por vosotros, haciendo memoria de vosotros en mis oraciones, para que el Dios de nuestro Señor Jesucristo, el Padre de gloria, os dé espíritu de sabiduría y de revelación en el conocimiento de él..."* **Efesios 1:16-17**. Y a la iglesia de los Colosenses les refirió: *"Por lo cual también nosotros, desde el día que lo oímos, no cesamos de orar por vosotros, y de pedir que seáis llenos del conocimiento de su voluntad en toda sabiduría e inteligencia espiritual, para que andéis como es digno del Señor, agradándole en todo, llevando fruto en toda buena obra, y creciendo en el conocimiento de Dios;..."* **Colosenses 1:9-10**.

En ambos casos el apóstol pidió que nuestro conocimiento del Señor y de su voluntad fuera incrementado. Su oración no estuvo orientada a que fuera aumentado nuestro saber de Dios, en el sentido teológico e histórico, sino más bien en un sentido personal. La Palabra que Pablo usó en ambos versos, que se tradujo como conocimiento, fue "*Epignósis*", la cual está hermosamente descrita en la **Concordancia Strong**, de la siguiente forma:

"**Cognado:** *1922 epígnōsis (de 1909 / epí, "en, apropiado" que intensifica 1108 / gnōsis, "conocimiento adquirido a través de la relación de primera mano") - propiamente, "contacto-conocimiento" que es apropiado ("apto, apropiado") para conocimiento experiencial de primera mano. Esto está definido por el contexto individual…"* [b]

Me fascinan estas definiciones porque hablan de un conocimiento de primera mano, a través de la experiencia y el contacto. Esta es la forma que Dios quiere que le conozcamos, como un hijo a su Padre y como la esposa al esposo. Como a un íntimo y familiar.

Job llegó a expresar unas palabras que, en su momento, marcaron mi vida y cambió mi perspectiva con respecto a mi relación con Dios. Job, una vez que había tenido un encuentro y una conversación con el Señor, le dijo:

"¿Quién es el que oscurece el consejo sin entendimiento? Por tanto, yo hablaba lo que no entendía; Cosas demasiado maravillosas para mí, que yo no comprendía. Oye, te ruego, y hablaré; Te preguntaré, y tú me enseñarás. De oídas te había oído; Mas ahora mis ojos te ven". **Job 42:3-5**

Estas palabras me hablan de un Job que reconocía que su relación con Dios, en muchos sentidos, era referencial, de oídas. Esto ocurría aun cuando Job era reconocido como alguien de recto proceder y obediente a Dios. Ahora bien, cuántos de nosotros ha tenido este tipo de relación o conocimiento de Dios. Un conocimiento referencial, de oídas, de lo que los demás hablan u opinan acerca de su persona. De lo que las tradiciones y religiones nos han enseñado. De lo que hemos visto en documentales o leído en libros. Pero la realidad es que Dios es un Dios cercano, tan cercano que no solo quiere habitar en medio de nosotros, sino que también quiere hacerlo en nosotros.

Hace un tiempo el Señor despertó un deseo en mi corazón de buscar más de su presencia y disfrutar de una relación más íntima con Él. Básicamente, anhelaba comunicarme con mi Padre, con mi Abba Padre, de una manera más profunda y escuchar su dulce voz hablando a mis sentidos. Quería que mi relación con Él pasara a otro nivel. Deseaba dejar de ser alguien que ignoraba sus deseos y sus planes, como un siervo, y constituirme en su amigo. Un amigo a quien Él pueda mostrar su voluntad y sus intenciones y en quien Él pueda confiar sus asuntos e intereses.

En ese tiempo de búsqueda y meditación, choque con una palabra que cambió mi perspectiva en cuanto a mi relación con Dios y la manera de comunicarme con Él. Esa es la palabra "Oración". Con respecto a esta palabra hay mucho que decir e infinidad de artículos y libros se han escrito en relación a ella. El término oración proviene de la transliteración del griego "**Proseúchomai**" (προσεύχομαι), el cual se traduce como orar, oración. La concordancia Strong, delinea esta palabra de manera exquisita:

*"4336 **Proseúxomai** (de 4314 / prós, "hacia, intercambiar" y 2172 / euxomai, "desear, rezar") - propiamente, para intercambiar deseos; ora, literalmente, para interactuar con el Señor cambiando los deseos humanos (ideas) por sus deseos mientras imparte fe ("persuasión divina"). En consecuencia, la oración (4336 / proseuxomai) está estrechamente relacionada con 4102 / pístis ("fe") en el NT."* [c]

¡Que bella definición! "Intercambiar deseos". Es decir, yo hablando al Señor, expresándole mis deseos, mis ideas, mis pensamientos, y lo que está en mi corazón y poniéndolo todo en sus manos y sometiéndome a su voluntad. Y Él, por su parte, persuadiéndome, a través de la fe, de sus deseos e intenciones. De esta forma, Él va transformando mi mente y reorientando mi voluntad, produciéndose en mí una metamorfosis espiritual.

Este concepto me parece de vital importancia porque nos ayuda a cambiar nuestra visión de la vida cristiana y nuestra relación con Dios. Quizás, en un pasado, aprendimos que orar significaba postrarnos ante Dios para presentar ante Él una lista de peticiones, ya sea para ser librados de problemas y situaciones, o para que Él nos supliera en todas nuestras carencias. Pero ahora podemos comprender que la oración encierra un significado aún más profundo y trascendental, ya que habla de nuestra comunicación personal y bidireccional con Dios. De intercambiar deseos e ideas, para que mi voluntad y mis deseos se alineen a los suyos y, así, entremos en sintonía con Él. En consecuencia, todo lo que pidamos Dios en oración y de acuerdo a su voluntad, Él lo hará. Tal como el apóstol Juan lo dijo en su primera epístola: *"Y esta es la confianza que tenemos en él, que si pedimos alguna cosa conforme a su voluntad, él nos oye. Y si sabemos que él nos oye en cualquiera cosa que pidamos, sabemos que tenemos las peticiones que le hayamos hecho".* **1 Juan 5:14-15.**

Cuán difícil nos puede parecer pedir conforme a la voluntad de Dios. Él sabe que muchas veces no sabemos cómo orar ni cómo acercarnos a su presencia. Él conoce nuestra debilidad, entiende que habitamos en un cuerpo mortal y que todavía no somos lo que hemos de ser. Por tanto, por su amor y gracia, nos ha dado las arras del Espíritu, para que Él nos ayude y gima por nosotros. Pablo escribió lo siguiente:

"Y de igual manera el Espíritu nos ayuda en nuestra debilidad; pues qué hemos de pedir como conviene, no lo sabemos, pero el Espíritu mismo intercede por nosotros con gemidos indecibles. Mas el que escudriña los corazones sabe cuál es la intención del Espíritu, porque conforme a la voluntad de Dios intercede por los santos". **Romanos 8:26.**

Como niños, infinidad de veces, pedimos cosas que no nos convienen, que no están en la voluntad del Padre o que no están en su tiempo. Dios conoce cuál es el propósito y la finalidad con la cual las oramos. Él sabe cuáles son las intenciones de nuestros corazones y, si no estamos en sintonía con Él, esas intenciones van a diferir de las suyas. Por ello, el Espíritu intercede por nosotros, no en acuerdo con esa voluntad humana, sino alineado a la voluntad de Dios y conforme a lo que es realmente necesario.

Resulta claro que nuestra comunicación con Dios se debe establecer en ambos sentidos. Así como le hablamos y le expresamos nuestros deseos, también es necesario que tengamos un oído presto para escucharle. Dios nos habla, de una u otra manera. Lo hace a través de su Palabra escrita, de sus siervos, de sueños, o de cualquier otro modo que quiera hacerlo. Él tiene siempre una Palabra para nosotros, su **Rhema**, su hablar dinámico y el dicho de su boca. Necesitamos de esa Palabra diariamente, así como precisamos del pan de cada día, para nuestro sustento. Ese maná del cielo que nos sostiene y alimenta. Dios nos habla de múltiples manera a nuestro espíritu y esto lo digo por experiencia personal. Espero que también sea vuestra experiencia y que tengan vivencias aún mayores.

Llamados para darnos identidad.

Unos de los dilemas más comunes del hombre moderno ha sido su sentimiento de no pertenencia y su falta de identidad. Vivimos en una sociedad que califica, etiqueta y clasifica a las personas basados en los espejismos de la apariencia, el materialismo y los "logros humanos", sin realmente ver al individuo más allá de los aspectos fugaces de lo temporal y externo. Con las redes sociales esta situación ha sido agravada aún más. Éstas han servido como vitrinas para exponer los disfraces con los que pretendemos cubrir nuestra soledad, vulnerabilidad, carencias y necesidades. Claro está, debemos reconocer que no hacen falta las nuevas tecnologías y los medios de comunicación para intentar enmascarar nuestras realidades y falencias, y para tratar de vivir una vida de hipocresías y apariencias.

El hombre, desde el Edén, ha tratado de encubrir sus faltas, dolores y vergüenzas, a través de las apariencias. Adán trató de hacerlo cubriéndose con las perecederas hojas de un árbol de higuera, una vez que había sucumbido ante la tentación y había comido de aquel árbol que le produjo muerte. Saúl trató de hacerlo tras la fachada de una vida religiosa, pidiendo al profeta

Samuel que lo honrase delante de los ancianos de Israel y que volviera con él a adorar al Señor, aun cuando él ya se sabía desechado por Dios y rasgado de su reino (**1 Samuel 15:30**). Le importó más la apariencia ante los hombres que su realidad ante Dios. Por su lado, Ananías y Safira pretendieron mentir al Espíritu diciendo que habían dado una ofrenda, cuando en realidad sólo habían dado un porcentaje de ella, todo con la intención de hacerse notar y ganar renombre. Ellos no fueron forzados a dar tal ofrenda pero el afán de ser reconocidos les impulsó a cometer esa locura que, a la postre, les llevó a la muerte. Como estos hay muchos ejemplos.

Por nuestra parte, creo que pecaríamos si no reconocemos que esta ha sido nuestra posición en varias temporadas de nuestra vida y que podría ser nuestra realidad actual. Una existencia plagada de apariencias, movida por el qué dirán y por el tratar de encajar en una sociedad implacable y egocentrista.

El Señor no se fija en lo externo ni en las fachadas. Nada del hombre puede deslumbrarlo. Ante Dios estamos completamente desnudos y Él conoce nuestros corazones, nuestras fortalezas y debilidades, nuestros sueños y anhelos, nuestras intenciones, nuestros pecados y más profundos secretos. Y, lo maravilloso de todo esto, es que aun así Él nos ama. Tan incomprensible y extraordinario es su amor, *"...en que siendo aún pecadores, Cristo murió por nosotros"* **Romanos 5:8**.

Los que hemos experimentado un nuevo nacimiento, a través de la gracia de conocer a Jesús como nuestro Salvador, somos una nueva creación. No tenemos más necesidad de guardar las apariencias, ya que tenemos una nueva identidad. Ahora somos hijos de Dios.

El Señor nos llama para que experimentemos un nuevo nacimiento. Él quiere darnos una nueva identidad y un nuevo nombre, hacer de nosotros una nueva criatura y, de esta manera cambiar nuestra historia y nuestro futuro eterno. Quiere transformarnos en esencia y no en apariencia. Pablo, en su segunda carta a los corintios, enunció:

"De manera que nosotros de aquí en adelante a nadie conocemos según la

carne; y aun si a Cristo conocimos según la carne, ya no lo conocemos así. De modo que si alguno está en Cristo, nueva criatura es; las cosas viejas pasaron; he aquí todas son hechas nuevas." **2 Corintios 5:16-17**

Llamados para recibir un nuevo nombre

Todos nos emocionamos y celebramos la llegada al mundo de un bebé. Nos esmeramos pensando y buscando la inspiración para colocarle un nombre que sea significativo o que esté relacionado con los seres que amamos o admiramos porque sentimos que, de alguna manera, ese nombre determinará su futuro y hablará de su personalidad. En lo espiritual, ocurre algo similar, un nuevo nacimiento viene acompañado de un nuevo nombre. Un nuevo nombre implica una nueva creación, una nueva naturaleza.

Un nombre trasciende a un simple vocablo conformado por consonantes y vocales articuladas entre sí. Un nombre habla de un carácter, una personalidad y una esencia. Cuando indagamos un poco acerca del significado de la palabra "Nombre", **"Onoma"** en su original griego, descubrimos que habla, de modo figurado, de la manifestación o revelación del carácter de alguien, es decir que lo hace que se distinga de los demás. Según el pensamiento de los hebreos, el nombre es inseparable de la persona, es decir, de alguna manera habla de su esencia.

A lo largo de las escrituras vemos como las personas asignaban nombres a sus hijos dependiendo del momento y las circunstancias en que habían sido concebidos. Nombres que, de alguna manera, evocaban los sentimientos de los padres en esos pasajes de sus vidas. Encontramos nombres tan hermosos como Samuel (Oído por Dios), puesto que su madre Ana recibió lo que tanto anhelaba (**1 Samuel 1:20**). Su oración fue oída y le fue dado el concebir un hijo. O como los nombres de los hijos de José. *"Al primogénito José le puso el nombre de Manasés* (el que hace olvidar) *, porque dijo: Dios me ha hecho olvidar todo mi trabajo y toda la casa de mi padre. Y al segundo le puso el nombre de Efraín* (fecundo), *porque dijo: Dios me ha hecho fecundo en la tierra de mi aflicción"* **Génesis 41:51,52**.

Por otro lado, también encontramos nombres tan terribles como los de **Jabes** (dolor), quien a su madre le puso así porque lo dio a luz en dolor (**1 Crónicas 4:9**). O el de aquel varón a quien llamaron con el fatídico nombre de **Ícabo** (sin gloria), cuya madre le llamó así porque en aquél tiempo había *"...sido tomada el arca de Dios, y por la muerte de su suegro y de su marido"* **1 Samuel 4:21**. Todos esos nombres podrían haber marcado emocionalmente, de forma positiva o negativa, a estos hombres.

Es necesario destacar que Dios también asigna nombres a los hombres. Éstos son muchos más significativos que aquellos que nos colocaron al momento de nuestro nacimiento. Esos nombres hablan de lo que Dios dice de nosotros y de cómo Él nos ve, y de lo que Él va a hacer con nosotros. En la Biblia encontramos múltiples ejemplos:

A **Abram** Dios le llamó **Abraham**, tal como lo señala **Génesis 17:5**. El primer nombre significa "Padre enaltecido" y el segundo "Padre de una multitud". Dios le cambió el nombre a "Abraham", padre de muchedumbres, aun antes de que él engendrara al hijo de la promesa. Dios lo llamaba Abraham, padre de muchedumbres, porque sabía que de él haría una gran nación. Y, tal como reseñó Pablo, al referirse a la vida de este hombre, en **Romanos 4:17**, Dios *"... llama las cosas que no son, como si fuesen"*.

Otro ejemplo muy conocido fue el de **Jacob** quien pasó a ser **Israel**. El nombre de Jacob se traduce como suplantador, el que suplanta, embaucador. Jacob luchó con el Ángel de Jehová y no le dejó ir hasta que logró su bendición. Y la más grande bendición fue su cambio de nombre. Relata la Palabra que *"el varón le dijo: ¿Cuál es tu nombre? Y él respondió: Jacob. Y el varón le dijo: No se dirá más tu nombre Jacob, sino Israel; porque has luchado con Dios y con los hombres, y has vencido."* **Génesis 32:27,28**.

Al referirse a Israel, el profeta Isaías afirma, *"Ahora, así dice Jehová, Creador tuyo, oh Jacob, y Formador tuyo, oh Israel: No temas, porque yo te redimí; te puse nombre, mío eres tú"* **Isaías 43:1**. Y, como estos, podemos conseguir muchos ejemplos de hombres y mujeres a los cuales Dios les asigna nombre, tanto en el antiguo como en el nuevo pacto.

Ahora, ¿Qué relación guarda esto con nosotros? ¿Cómo esta palabra se puede hacer patente en nuestras vidas? Si desde chico me llamaron Johnny, como esto puede ser cambiado ¿Cómo sé yo que Dios cambiará mi nombre y mi historia? Bueno les diré una idea bien interesante que espero graben en sus corazones. Para ello les invito a que leamos el siguiente fragmento del libro de Apocalipsis:

"El que tiene oído, oiga lo que el Espíritu dice a las iglesias. Al que venciere, daré a comer del maná escondido, y le daré una piedrecita blanca, y en la piedrecita escrito un nombre nuevo, el cual ninguno conoce sino aquel que lo recibe". **Apocalipsis 2:17**.

Nosotros, como humanos, tenemos el conocimiento limitado. Pero Dios que es Omnisciente, y que habita desde la eternidad hasta la eternidad, ya sabe cuál es el nombre que tiene para nosotros, el cual ya existe en lo eterno. Es necesario que seamos persuadidos por medio de la fe y comencemos a creer que ya existe ese nombre, el cual Dios nos ha otorgado como vencedores, para que nos movamos y vivamos conforme a él. Ese nombre habla de mi nueva naturaleza espiritual, de cómo Dios me ve.

En este pasaje el Señor nos está hablando de los vencedores. Debo creer que soy un vencedor y debo moverme como tal. Debo verme desde ya como el poseedor de esa piedrecita blanca, en el cual está inscrito mi nuevo nombre, el cual sólo es conocido por Dios y lo revela a mi persona. Ésta, nuestra fe, es la que ha vencido al Mundo.

Nosotros vivimos por fe y para fe, tal como lo dicen las Escrituras, el Justo por su fe vivirá. El Señor cambia nuestro presente y nuestro futuro eterno. Debo moverme como alguien al que el Señor ha constituido como rey y sacerdote para Él. Como real sacerdocio, nación santa. Debo vivir como quién sabe que tiene una nueva identidad y una nueva ciudadanía.

Llamados para hacernos conforme a la imagen de su Hijo

Para comenzar con el desarrollo de esta sección conviene citar un par de versículos, altamente citados en el ámbito cristiano, pero que, en la mayoría de los casos, no han sido bien interpretados en su contexto. Éstos se hallan en la carta de Pablo a los romanos. Allí dice:

"Y sabemos que a los que aman a Dios, todas las cosas les ayudan a bien, esto es, a los que conforme a su propósito son llamados. Porque a los que antes conoció, también los predestinó para que fuesen hechos conformes a la imagen de su Hijo, para que él sea el primogénito entre muchos hermanos" **Romanos 8:28-29**.

Estos versos son frecuentemente utilizados para darnos aliento en situaciones difíciles y, sobre todo, para brindarnos una perspectiva positiva a la hora de afrontar momentos de prueba. Por ejemplo, si se es despedido de un empleo se suele afirmar o pensar que es porque viene uno mejor. Citamos refranes como *"Si se cierra una puerta, es porque otra se abrirá"* y *"no hay mal que por bien no venga"*, entre otros.

Soy partidario de que siempre afrontemos las vicisitudes de la vida con ánimo y con una actitud positiva. Sin embargo, lo que deseo rescatar es que cuando leemos estos versos, en su totalidad y contexto, concluimos que su significado trasciende a unas simples declaraciones optimistas.

El apóstol hace notar que estas promesas amparan a aquellos que aman a Dios y han sido llamados conforme a su propósito. A éstos todas las cosas les ayudan a bien y, cuando dice todas, se refiere a todas. No solo las que consideramos buenas sino también aquellas que vemos como malas. Todas las cosas cooperan para nuestro bien porque detrás de todas ellas hay una intención y un proyecto. Es decir, los momentos de alegría y tristeza, de abundancia y escasez, de salud y enfermedad, y todas las temporadas de nuestras vidas resultarán para nuestro crecimiento y el cumplimiento del propósito de Dios en nosotros. Un propósito de salvación y transformación.

Quisiera resaltar que estas promesas no están reservadas a aquellos que están participando en una religión, congregación o una denominación en particular, como algunos piensan. Estas promesas cobijan a todos aquellos que hemos sido escogidos y ordenados para salvación en todo lugar. Personas que en estos momentos podrían estar atravesando momentos de oscuridad y esclavitud. Personas que ni siquiera saben que existe un Dios que les creó con propósito o se consideran ateos. Personas que podrían estar desesperanzadas y desesperadas, en este tiempo, a causa de la opresión y las pruebas. E, incluso, personas que se piensan en las "alturas" debido a su buena situación social o económica. Todas las cosas se pondrán de acuerdo y cooperarán para el cumplimiento del propósito de Dios en sus vidas.

Ahora bien, no todas las congojas provienen de Dios, si bien Éste las permite. Muchas son consecuencias de nuestras acciones y decisiones. Otras provienen del sistema corrompido de este mundo, bajo el cual estamos viviendo. Estas tristezas y tribulaciones, si no son llevadas ante Dios, producirán muerte espiritual en el hombre, lo amargarán, lo harán intolerante e insensible. Algunos, en su dolor e ignorancia, han llegado hasta aborrecer a Dios e ir en su contra. Pablo dijo: *"Porque la tristeza que es conforme a la voluntad de Dios produce un arrepentimiento que conduce a la salvación, sin dejar pesar; pero la tristeza del mundo produce muerte"* **2 Corintios 7:10 LBLA**.

Nosotros debemos de ser aquellos que, cuando son tratados por el fuego de las pruebas, salen de ellas con una mejor perspectiva y una mejor actitud ante la vida. Que todas nuestras situaciones nos lleven al arrepentimiento y al cambio, que produzcan en nosotros empatía y sensibilidad ante el dolor ajeno.

Las pruebas sirven para testear y sondear lo que hay en nuestros corazones, para sacar toda escoria de ellos y refinarnos como el oro más puro. De igual manera, éstas se traducen en una oportunidad para que conozcamos a Dios de una manera más profunda y veamos su gloria manifestada en diferentes aristas. Conocemos a Dios como ese Jehová de los ejércitos en nuestros momentos de luchas y batallas. Le conocemos como nuestro proveedor cuando atravesamos temporadas de escasez y desierto. Como nuestro Jehová

Rafa, en los momentos de enfermedad y debilidad, y como nuestro Salvador cuando vemos la obra redentora de Jesús, en la cruz del calvario.

La meta es crecer y aprender de cada situación y experiencia. Aprender a no quejarse, a estar gozosos y a confiar en Dios en cada temporada. Nuestra actitud es determinante ante las pruebas que afrontemos. Por ello, el apóstol Pablo escribió: *"...he aprendido a contentarme, cualquiera que sea mi situación. Sé vivir humildemente y sé tener abundancia; en todo y por todo estoy enseñado, así para estar saciado como para tener hambre, así para tener abundancia como para padecer necesidad. Todo lo puedo en Cristo que me fortalece."* **Filipenses 4:12-13**.

Ahora bien, siguiendo con la idea principal, nos preguntamos: ¿Dios puede darnos un mejor empleo? Sí. ¿Una casa más grande y espaciosa? Sí. ¿Un coche último modelo? Sí. Todo esto, si está en su perfecta voluntad. Pero los versos ubicados en **Romanos 8:28-29** hablan de un propósito aún más elevado y de un proyecto celestial para los que son llamados. Éste es el de hacernos conforme a la imagen de Su Hijo. Esta palabra "Conforme", del griego *Symmorphos*, significa: Propiamente conformado, compartiendo la misma identidad, esencia interna (forma); mostrando un comportamiento similar al tener la misma naturaleza esencial.

Todas las cosas, tanto buenas como las no tan buenas, deben servir para forjar en nosotros la imagen de Cristo, es decir, deben ayudarnos en nuestro crecimiento espiritual para que cada día seamos más semejantes a Él. No existe un objetivo mayor que el de ser transformado a la imagen de Jesucristo, a través de la acción del Espíritu Santo, y nosotros hemos sido llamados para tal fin. *"Por tanto, nosotros todos, mirando a cara descubierta como en un espejo la gloria del Señor, somos transformados de gloria en gloria en la misma imagen, como por el Espíritu del Señor"* **2 Corintios 3:18**.

El producto final de los procesos, que podamos estar viviendo, es el de ser hechos conforme a la imagen de Jesús, para que podamos reflejar la excelencia de su carácter y misericordia. Cuando entendemos esta realidad y miramos las cosas desde esta panorámica, nuestra posición ante las pruebas y ante la vida va a ser completamente diferente. Dios quiere que todas nuestras vivencias sean instrumentos para moldear en nosotros un nuevo hombre. Un hombre espiritual, lleno y guiado por el Espíritu Santo de Dios y enteramente preparado para cumplir su propósito de vida.

Cuando se habla de conformar, hablamos de dar forma mediante un proceso de transformación y cambios. Los procesos en nuestras vidas no solo son inevitables sino que también son necesarios. Si queremos crecer y avanzar necesitamos ser procesados. De esta manera seremos conformados.

Quisiera hacer un pequeño paréntesis para hablarles un poco acerca de la palabra "proceso". Este vocablo proviene del Latín "**Processus**", que significa avance, marcha, progreso. Se refiere a la acción de ir hacia adelante, avanzar en una trayectoria determinada.

En líneas generales, se habla de proceso cuando se tiene un estado inicial y uno final, entre los cuales toma lugar una transformación o un cambio de alguna naturaleza. Viéndolo de un modo gráfico y sencillo tenemos:

El producto final de un proceso no puede ser el mismo que se usó como materia prima en la entrada. De ser así no hubo una transformación.

Llevando estos conceptos al ámbito espiritual, si nosotros no somos transformados a través de nuestras experiencias, éstas se van a repetir, de una u otra manera, hasta que se desarrolle en nosotros aquello de lo cual carecemos. Por ello, somos comparados a vasijas de barro en manos del alfarero. El Señor es el alfarero y nosotros el barro. El barro es la materia prima inicial; la vasija, el final. Durante el proceso de conformación es probable que la vasija se estropee, pero Dios en su infinita misericordia, la hace de nuevo.

Ahora bien, muchas veces no queremos ser probados porque los procesos conllevan cambios, tratamientos y, muchas veces, dolor. No obstante, ese sufrimiento es necesario para depurar y limpiar. Las medicinas suelen ser desagradables y en ocasiones traen efectos secundarios, pero definitivamente son necesarias para sanar una herida.

Amados, las heridas deben ser puestas al descubierto para que sean sanadas a profundidad. Es necesario tocar y limpiar zonas muy sensibles, y las heridas abiertas o encubiertas. Dolerá muchas veces, sí. Podrían quedar cicatrices, sí. Pero es necesario realizar esta acción para que nuestra sanación sea completada y para generar los cambios que necesitamos.

Los procesos son necesarios para depurar y acrisolar. Cuando los hijos de Dios somos procesados y pasados por el fuego de la prueba, no es para destrucción, sino para probar la autenticidad. Cuando se prueba la genuinidad de una moneda o un billete, es para saber si es o no es real. En nuestro caso, las pruebas y los procesos sirven para traer a la luz lo que hay en nuestros corazones, para evidenciar cuáles son nuestras verdaderas necesidades y pensamientos, y manifestar cuál es nuestra fe.

Los procesos y las pruebas también sirven para promovernos, para prepararnos para una nueva posición y un nuevo proyecto. Somos la amada del Señor, su ayuda idónea. El Señor no va a colocar sus negocios y asuntos en manos de personas que no se interesen por su obra o sean indolentes ante sus propósitos. El Señor se los va a encomendar a personas que tengan su mismo corazón y sus mismos intereses. Dios necesita conformarnos a la imagen de su Hijo para que tengamos su misma visión.

"Hijitos míos, por quienes vuelvo a sufrir dolores de parto, hasta que Cristo sea formado en vosotros" **Gálatas 4:19**.

Llamado a los de afuera

Aunque el llamado de Dios es personal, éste se vive de manera colectiva. No podemos amar a Dios y no amar sus hijos. No podemos amar a Dios y no amar a los que fueron creados conforme a su imagen y semejanza. No es coherente honrar al Señor, el cual es la cabeza, y aborrecer a la iglesia, la cual es su cuerpo. La iglesia es una entidad universal de la cual formamos parte todos los hijos de Dios. Ella es el cuerpo de Cristo, y está representada por todos los creyentes, en todo lugar.

El término iglesia normalmente define "una asamblea, una congregación". No obstante, cuando indagamos en su etimología, vemos que éste proviene del vocablo griego "**Ekklésia**", el cual resulta de la conjunción de dos vocablos: **ek** "desde y hacia" y **kaléō** "llamar". – es decir, la gente que Dios llamó desde fuera. *"Los creyentes a quienes Dios llama desde el mundo hacia Su reino eterno"*. **Concordancia Strong 1577**. [d]

En ese sentido, entendemos que la iglesia somos aquellos que hemos sido llamados por Dios a una salvación eterna. Los que hemos sido bautizados (sumergidos) en su cuerpo y se nos ha dado a beber de su mismo Espíritu. **Efesios 1:13**.

El Señor, al hablar de su iglesia, lo hace valiéndose de símiles sencillos para que podamos concebir la vida cristiana como natural y espontánea. En consecuencia, ella es comparada con algo tan cotidiano como una casa. Un hogar donde Dios es nuestro Padre y nosotros, sus hijos. Donde Cristo personifica al Esposo y la iglesia, a la esposa. Donde hay un solo Señor y Salvador, y todos los demás somos hermanos. Parentescos cercanos para hablar de relaciones hermosas e íntimas.

Al experimentar un nuevo nacimiento pasamos a formar parte de una gran familia espiritual y, tal como Jesús lo expresó en **Marcos 19:29-30**, recibimos *"...cien veces más ahora en este tiempo: casas, y hermanos, y hermanas, y madres, e hijos, y tierras junto con persecuciones; y en el siglo venidero, la vida eterna"*.

En el sentido biológico podemos tener solo una madre, unos hermanos y unos hijos. Pero en el ámbito espiritual somos miembros de una grandiosa familia que se extiende por toda la tierra y transciende las diferencias entre las razas, culturas y estatus social. Y, aunque no estemos ligados a través de vínculos consanguíneos, lo estamos por medio de los lazos inquebrantables de la sangre de Cristo, nuestro Señor.

De igual manera, la relación del Señor con su Iglesia es descrita como algo tan vital y orgánico como un cuerpo, el cuerpo de Cristo. Él representa la cabeza y nosotros, sus miembros. En Cristo, al igual que en la cabeza humana, se halla el centro vital y neurálgico de todas las funciones del cuerpo. En Jesucristo se halla la vida, y Él dijo: *"...porque yo vivo, vosotros también viviréis"* **Juan 14:19**. Es estando en el cuerpo, asidos a la cabeza, que permanecemos con vida. Nosotros hemos sido llamados a ser una parte viva de esta entidad.

Un miembro, por más bello que sea, fuera del cuerpo se hace inútil y podría resultar hasta escalofriante y, aunque por un corto tiempo se vea en perfecto estado, ya ha entrado en un proceso de muerte y putrefacción. Los ojos más lindos del mundo no serían lo mismo dentro de un frasco de formol, y mucho menos podrían cumplir con su propósito.

Jesús recurrió a múltiples parábolas para mostrarnos, de una manera diáfana y sencilla, los asuntos del Reino. En el evangelio de Juan esbozó una donde nos compara con las ramas de una vid. Él Dijo: *"Yo soy la vid, vosotros los pámpanos; el que permanece en mí, y yo en él, éste lleva mucho fruto; porque separados de mí nada podéis hacer"*. **Juan 15:5**. A través del tronco las ramas reciben la savia y los nutrientes necesarios para mantenerse viva y para poder fructificar. Fuera del Señor, en el sentido espiritual y trascendental, nada somos y nada podemos. Necesitamos permanecer injertados en la vid para que podamos reverdecer y dar buenos frutos.

Ahora bien, estando en el Señor y formando parte de su cuerpo, es que podemos cumplir a cabalidad nuestro propósito y desarrollar todo nuestro potencial. Requerimos de los otros miembros del cuerpo para poder desempeñar nuestra función, siendo sostenidos y guiados por la cabeza. Todo el cuerpo, asido a la cabeza, es nutrido y unido por las coyunturas y ligamentos, y crece con el crecimiento que da Dios (**Colosenses 2:19**).

Me gustaría graficar la idea anteriormente expuesta con un ejemplo bastante sencillo. Las manos, a pesar de que son miembros bastante complejos e importantes, dependen de los brazos y antebrazos, entre otros miembros, para que sean funcionales. A través ellos fluye la sangre que les da vida, en ellos se encuentran los ligamentos y coyunturas que las unen al cuerpo y las conexiones nerviosas que le permiten comunicarse con el cerebro. De manera similar pasa con los otros órganos del cuerpo. Siendo así, conviene a cada parte del cuerpo velar y preocuparse por las otras, entendiendo que su funcionamiento y desarrollo depende de estas.

El apóstol Pablo declaró que *"...si un miembro padece, todos los miembros se duelen con él, y si un miembro recibe honra, todos los miembros con él se gozan"* **1 Corintios 12:26**. Cuando cualquiera de nuestros dedos está lastimado, así sea el dedo más pequeño del pie, el resto del cuerpo se coloca en posición de defensa para guardarlo con más atención y evitar que lo golpeen. Cuando tenemos una dolencia en el cuello y nos da tortícolis, todo el cuerpo se mueve con él para evitar que este sufra. Nadie le diría en su sano juicio -¡sufre cuello, sufre!

En el sentido espiritual, debemos ser vigilantes del cuidado de nuestros hermanos y ocuparnos en su nutrición y desarrollo adecuado. La victoria de ellos es mi victoria, su gozo, mi gozo y su dolor, el mío. Oremos al Señor para que cada día añada más piedad a nuestro carácter, para que seamos más empáticos con nuestros hermanos y nos identifiquemos con sus dolores y pruebas, y nos gocemos con sus alegrías.

Así como se cumple en el sentido físico, también se cumple en lo espiritual. Así como el cuerpo humano está conformado por diversos miembros y cada uno cumple una función en particular, así también sucede en el cuerpo de Cristo. En él, debe haber diversidad y complementariedad. No somos iguales y cada uno de nosotros fue creado y llamado de una manera especial, para cumplir un propósito determinado.

Cada persona es diferente a la otra, pero cada una es hermosa e importante, tal como Dios la creo, y según el don que al Espíritu le pareció impartirle. Tú fuiste llamado con una función única y específica, que sólo se puede lograr a través de tu persona, en el contexto donde te mueves y el lugar donde estás. Cumple con tu llamado, con en aquello que te fue encomendado. Nadie lo hará por ti.

La multiforme Gracia de Dios.

En el Nuevo Testamento se menciona un par de veces una palabra que yo la considero fundamental para entender la vida de la iglesia, y esta es la palabra "multiforme". Este vocablo, proveniente del griego "Polypoikilos", es usado cuando se habla de la multiforme gracia de Dios (**1 Pedro 4:10**) y la multiforme sabiduría de Dios (**Efesios 3:10**).

Esta palabra me encanta porque, entre sus posibles acepciones, encontramos que se puede traducir como "diferentes colores". La gracia y la sabiduría de Dios están compuestas de múltiples colores y múltiples formas, y esto es evidenciado, a través de la diversidad de dones que se muestran por medio de cada uno de los miembros de la iglesia.

Al estudiar esta palabra visualicé una especie de arcoíris, de espléndida belleza, la cual se hacía notaria a través de la exposición de sus diferentes colores. Un arcoíris no sería tan majestuoso si no se encontraran presentes todos los colores y matices que lo conforman. El verde no se vería tan hermoso si no va tomado de la mano por el azul y el amarillo. Y, aunque éste sea el verde más despampanante, no mostraría todo su esplendor si se mudara del vecindario de las luces y los colores. De un modo similar, la iglesia de Cristo está conformada por múltiples colores. Cada miembro, don y ministerio representan colores y matices que enriquece su diversidad.

Cristo, a través de su Santo Espíritu, repartió dones y constituyó ministerios dentro de su iglesia, según su perfecta voluntad y sabiduría, con el objetivo de perfeccionar (completar, madurar) a sus hijos para la obra y el servicio. Esto fue lo que Pablo afirmó en su carta a la iglesia en Éfeso cuando dijo:

*"El que descendió, es el mismo que también subió por encima de todos los cielos para llenarlo todo. Y él mismo constituyó a unos, apóstoles; a otros, profetas; a otros, evangelistas; a otros, pastores y maestros, a fin de perfeccionar a los santos para la obra del ministerio, para la edificación del cuerpo de Cristo, hasta que todos lleguemos a la unidad de la fe y del conocimiento del Hijo de Dios, a un varón perfecto, a la medida de la estatura de la plenitud de Cristo; para que ya no seamos niños fluctuantes, llevados por doquiera de todo viento de doctrina, por estratagema de hombres que para engañar emplean con astucia las artimañas del error, sino que siguiendo la verdad en amor, crezcamos en todo en aquel que es la cabeza, esto es, Cristo, de quien todo el cuerpo, bien concertado y unido entre sí por todas las coyunturas que se ayudan mutuamente, según la actividad propia de cada miembro, recibe su crecimiento para ir edificándose en amor". **Efesios 4:10-16.***

Cada uno de los dones y ministerios realiza una operación diferente dentro del cuerpo, es decir cumple una función en particular y, así como una mesa no queda bien equilibrada si no tiene todas sus patas, la iglesia no llega a ejercer todo su potencial si no están presentes los diferentes dones y ministerios. Por más esforzado que sea un líder, pastor, maestro, profeta o evangelista, si no cuenta con el acompañamiento de los otros miembros, no se puede completar, a cabalidad, la obra del Señor. Un miembro no puede realizar la función de todo un cuerpo.

Con lo anteriormente expuesto, no quiero restar méritos a nadie ni tampoco pretendo ignorar el esfuerzo y las vivencias que los ministros atraviesan en las diferentes congregaciones. Tampoco quiero subestimar las experiencias de cada hermano y de cómo Dios los ha usado para cumplir su propósito en la expansión del evangelio. Sin embargo, lo que si deseo recalcar, es que debemos anhelar que la multiforme gracia de Dios sea manifestada y sea parte de la realidad de la iglesia. Esta debe ser nuestra meta y nuestro motivo de oración: Una iglesia madura, diversa, donde cada miembro, como piedra viva vaya creciendo y siendo edificado sobre el fundamento, el cual es Jesucristo. Debemos procurar que cada uno de los miembros internalice que es una parte viva y funcional de este cuerpo, en el cual hemos sido bautizados, sumergidos, a través del Espíritu Santo.

Otra imagen que me vino a la cabeza, cuando leí el término multiforme (diferentes colores), fue la de un prisma a través del cual pasa la luz blanca y se descompone en numerosos colores. A continuación les muestro un dibujo para que podamos visualizar lo que quiero decirles.

A través de esta imagen, vislumbré a Cristo como esa luz blanca. En Él está contenida la plenitud de la deidad y de los dones. Y cada uno de nosotros, por medio del don y gracia que le ha sido conferido por el Espíritu, representaría cada color y matiz resultante de la descomposición de esa luz. Me explico, a través de cada hermano, Dios muestra su gracia y sabiduría de una forma distinta. Cada uno ha recibido un don diferente y ninguno de ellos es despreciable ni desestimable. Ningún servicio es pequeño ni insignificante. El

Espíritu de Dios, repartió los dones como quiso. Claro está, a Él y solo a Él, al Señor de señores y Rey de reyes, son la gloria y la alabanza por los siglos. Nosotros solo somos unos vasos de barro por medio de los cuales el Señor muestra su gracia.

Estuve indagando un poco más con respecto a los resultados de la experimentación con el prisma y encontré que cuando la luz blanca se descompone, no solo se generan colores (longitudes de onda) que se encuentran en el espectro visible, sino que también se hacen presente longitudes de ondas que se hallan en el espectro invisible y, por lo tanto, no pueden ser percibidas por el ojo humano. Esta idea me parece encantadora, porque en el sentido espiritual ocurre algo similar.

Dentro de la iglesia tenemos hermanos cuyos servicios no se hacen notar y hasta algunas veces son desestimados, porque no lo hacen desde una vitrina visible. Sin embargo, estas personas, por medio de su oración y su servicio, procuran mantener la unión dentro del cuerpo y la armonía entre los hermanos, operando siempre como pacificadores e intercesores. Actúan como aquellas coyunturas y ligamentos, que el apóstol Pablo menciona en **Efesios 4**.

En el aspecto físico muchas de las funciones que pasamos por alto, a menudo, suelen ser las más vitales. Se admiran unos lindos ojos o un cabello hermoso, pero poco se aprecia la función vital que desempeña un riñón o un hígado, hasta que su funcionamiento se degrada y la salud se ve comprometida. En el sentido espiritual, de nuevo, suele ocurrir lo mismo. A muchos nos gusta ser admirados y vistos por todos. Ser vistos como grandes expositores de la Palabra, reconocidos como buenos músicos o admirados por poseer hermosas voces. Pero muchas veces no notamos el rol que desempeñan, esos hermanos, que desde lo oculto y la intimidad, a través de sus oraciones y la sencillez de sus palabras, procuran impulsar y sostener a otros.

Amados, el punto a donde quiero llegar, es que cada uno de nosotros fue llamado para desempeñar una función particular dentro de la iglesia, visible o invisible. Para que, desde nuestra propia perspectiva y posición, cumplamos con el servicio para el cual hemos sido equipados y señalados. Yo necesito de ustedes, ustedes necesitan de mí. Si esto no se cumple la obra quedaría incompleta. La palabra fundamental es el "Servicio". Fuimos llamados para servir y bendecir a otros. De esta manera, cumplimos nuestro propósito. Así como Jesús dijo de sí mismo: *"... el Hijo del Hombre no vino para ser servido, sino para servir, y para dar su vida en rescate por muchos"* **Mateo 20:28**.

Hace unos años tuve una hermosa vivencia que me llevó a entender la importancia de la manifestación de los dones dentro de la iglesia y la diversidad de ellos. En aquel tiempo, tenía una dolencia en la columna, que me mantuvo agobiado y fatigado durante muchos días. Un día, en una visita a un parque público en Venezuela, me acosté sobre una mesa de concreto para tratar de paliar el dolor y, en ese ínterin, observé a la distancia como una señora oraba por otra, y esta segunda recibía liberación. Luego de haber finalizado ese encuentro, sentí la necesidad de acercarme a esta anciana y estuvimos compartiendo un rato acerca de la Palabra de Dios. Para su gloria y honra, el Señor me dio unas palabras para esta señora y para su vida. Un mensaje que, de acuerdo a sus propias palabras, estuvo esperando durante semanas y le resultó de gran liberación. Ambos estábamos muy regocijados. No obstante, antes de partir, le conté la situación que se estaba presentando en mi espalda y le pedí que orara por mí. Así lo hizo, y por la gracia de Dios, fui sanado al momento. Gloria a Dios.

A través de esta hermosa experiencia, el Señor me reafirmó la importancia de cada don y ministerio dentro de la iglesia, y lo fastuoso que es cuando los vemos operando. Oremos para que este tipo de experiencia sea cada vez más frecuente en nuestra vida cotidiana.

Desde una perspectiva espiritual, podríamos ver a la iglesia como la composición de esos colores y matices. Es por medio de iglesia que se muestran la multiforme gracia y sabiduría del Señor, a los principados y potestades en los lugares celestiales (**Efesios 3:10**). Nuestras energías y oraciones deben estar enfocadas en la consecución de este gran propósito. Que cada miembro de la iglesia, manifieste y ponga en funcionamiento el don con el cual fue bendecido. Nuestro anhelo debe ser que la iglesia se muestre como esa novia madura, completa y ataviada para las bodas del cordero. Aunque todavía no somos lo que hemos de ser, hasta que Él se manifieste.

Reflexión Final

El inicio de la década 2020 ha estado plagado de incertidumbres y numerosos cambios en lo que hemos visto como, a causa de una llamada pandemia, se ha producido un fuerte confinamiento en casi todas las ciudades del mundo. La iglesia del Señor no ha escapado de esta realidad y ha tenido que suspender muchas de sus actividades regulares y limitar sustancialmente el aforo en los templos. Esta situación se ha agravado hasta el punto que muchas localidades han permanecido cerradas durante periodos indefinidos y la gran mayoría de las organizaciones han tenido que valerse de los medios digitales para transmitir sus sermones y enseñanzas.

En este contexto, escuché muchas frases como: "no hay iglesia", "la iglesia está cerrada", etc. Comprendo la angustia que todo esto ha generado a un pueblo que está acostumbrado a disfrutar de los hermosos encuentros semanales en los lugares de reunión y a gozar del contacto y el amor fraternal que se experimenta con los hermanos de las congregaciones. Yo mismo me regocijo grandemente en ese amor y he extrañado la comunión con mis hermanos. Sin embargo, estas aseveraciones me llevan a meditar acerca del concepto de iglesia que manejamos y del papel que ella desempeña en la actualidad.

Suele ocurrir que lo primero que nos viene a la mente, cuando hablamos de la iglesia, es una imagen de una edificación con una pequeña cruz en su cúspide. Una estructura con varias paredes donde acuden los miembros de una congregación para recibir un sermón y reunirse con los hermanos que comparten una misma fe. Esto es lo que muchos hemos aprendido y experimentado a lo largo de los siglos, o por lo menos lo que se nos ha ensañado a través de las tradiciones.

Lejos de esta percepción, las Escrituras nos enseñan que la iglesia es una entidad viva que no está confinada a cuatro paredes, ni limitada a las denominaciones, ritos, liturgias o credos de una organización. Sin embargo, así como es trabajoso derrumbar las estructuras físicas que constituyen un templo, también es difícil derribar esas viejas estructuras que se han solidificado y petrificado en nuestras mentes, acerca de lo que significa la iglesia.

Pablo, en su elocuente discurso en el Areópago, dijo: *"El Dios que hizo el mundo y todas las cosas que en él hay, siendo Señor del cielo y de la tierra, no habita en templos hechos por manos humanas, ni es honrado por manos de hombres, como si necesitase de algo; pues él es quien da a todos vida y aliento y todas las cosas"*. **Hechos 17:24-25.**

El Dios todo poderoso, creador del universo, dueño de la tierra y todo lo que habita en ella, no está encerrado en templos hechos por manos, muchos menos habita en medio de esculturas e imágenes talladas. A Él no se le puede limitar ni confinar de ninguna manera. Al Señor, en su infinita sabiduría y gracia, le plació habitar entre nosotros y en nosotros, sencillos vasos de barro, por ello derramó en nosotros su Espíritu Santo. Pablo ratificó esta idea cuando dijo: *¿No sabéis que sois templo de Dios, y que el Espíritu de Dios mora en vosotros?* **1 Corintios 3:16-17.**

La iglesia es una entidad viva y espiritual que va creciendo y se va desarrollando a través de la actividad propia de cada miembro que la conforma, siendo todos ellos dirigidos por una cabeza, la cual es Jesucristo mismo. Como lo dijimos, anteriormente, la iglesia somos todos aquellos que fuimos llamados y sacados de la oscuridad a la luz admirable del Señor.

Lo que deseo resaltar con estas ideas es que la iglesia trasciende a una edificación. La iglesia se mueve en las calles, en las casas, debajo de los puentes, en fin en todo lugar donde se encuentre alguno de sus miembros. Cuando los apóstoles estaban caminando por Jerusalén, allí iba la iglesia del Señor. Cuando los hermanos comparten con sencillez de corazón, cubiertos bajos las tiernas hojas de los árboles en un parque, allí está la iglesia del Señor. Nosotros somos la iglesia y donde estemos, allí estará la iglesia.

Es importante destacar que la iglesia ha sufrido persecución desde su fundación y la sigue padeciendo hasta ahora. En su momento, ha tenido que moverse en medio de la espesa oscuridad de las catatumbas romanas, en la clandestinidad de los sótanos y en las frías cárceles de regímenes totalitarios. Lamentablemente, esta situación de opresión no es parte de una vieja historia, sino que es la realidad que experimentan muchos de nuestros hermanos en diferentes partes del mundo.

Más allá de esta opresión manifiesta, la iglesia está padeciendo una cacería sutil, para muchos invisible, pero que mantiene la misma intención, destruirla desde sus bases. Esta persecución, cuyo origen es espiritual, está solapada en muchos sentidos y se está haciendo cada vez más evidente en los centros educativos, los lugares de trabajos y en una sociedad vendida a ideologías y leyes que atacan directamente al cristianismo, al hombre y a la familia.

Aun así, a pesar de los tiempos difíciles, la iglesia nunca ha dejado, ni dejará de ser la amada del Señor. Sobre ella reposa la grandiosa promesa de Dios de que las puertas del hades y la muerte no prevalecerían contra ella. No podemos esperar que se reabran las estructuras para considerarnos, nuevamente, como la iglesia de Dios o para movernos como tales. Para cumplir con el rol que se nos ha asignado debemos adaptarnos a los tiempos y pasar de una posición pasiva a una activa, todo esto con la ayuda y la guía del Espíritu. La iglesia es un organismo vivo y así debe mostrarse.

A pesar de los que muchos puedan decir, considero que cualquier situación, en este caso una pandemia, se puede traducir en una buena oportunidad para que se produzca en nosotros un crecimiento en lo espiritual. Como iglesia debemos dejar de lado muchas tradiciones, doctrinas extrañas y mandamientos de hombres que, lejos de contribuir con la expansión de las buenas nuevas, se han constituido en justificaciones para enclaustrarnos en los templos y no cumplir con nuestra gran comisión. Esta es una buena oportunidad para replantear nuestras vidas en el Señor, y meditar acerca de nuestro papel en medio de una sociedad que naufraga en las aguas del temor y la incertidumbre, por la expectación de las cosas que están ocurriendo.

Este zarandeo debe servirnos para que podamos despertar y experimentar que estamos en manos de un Dios vivo, real y que sigue obrando y haciendo maravillas en este tiempo. Su brazo sigue extendido para bendecir y librar. Para que veamos la gloria de Dios en otra dimensión.

En **Génesis 28:16-17** se relata como *"despertó Jacob de su sueño, y dijo: Ciertamente Jehová está en este lugar, y yo no lo sabía. Y tuvo miedo, y dijo:!! Cuán terrible es este lugar! No es otra cosa que casa de Dios, y puerta del cielo"*. En analogía con esta historia, suele ocurrirnos que estamos como dormidos y no reconocemos quien es nuestro Dios y quienes somos nosotros. La iglesia no es una edificación, no es una entidad religiosa, es la amada del Señor. Los ojos del Señor están puestos sobre ella y sus oídos prestos para escuchar y dar respuesta a su oración. Cuando oramos, en acuerdo, el Señor truena y hace proezas y maravillas en medio de ella. Lugar terrible es este.

Muchos están esperando que pase todo este tiempo para comenzar a funcionar como "iglesia", para reanudar las actividades regulares y continuar con los ritos y liturgias. Queremos retomar los cultos y continuar con las mismas estructuras. No obstante, pienso que no deberíamos salir de este proceso tal como entramos. Es necesario sentarnos a meditar sobre nuestros caminos. La iglesia debe vivir una transformación, un crecimiento espiritual que la lleve a ser más paciente, madura, misericordiosa, sensible y amorosa. Que se muestre más empática y consecuente con el sufrimiento del prójimo.

En su epístola a los romanos, Pablo dijo que *"a los que amamos a Dios todas las cosas nos ayudan a bien"*, y creemos que esta situación no dejará de ser una de ellas. En **Hechos 8** se relata cómo se levantó una persecución contra la iglesia del Señor que produjo que la misma no se quedara confinada en Jerusalén. Dios se valió de un Saulo de Tarso para hacer que se moviera y se expandiera, cumpliendo, de esta manera, su mandamiento de ir a las naciones a predicar este evangelio, comenzando por Jerusalén, pasando por Samaria y hasta el fin de este mundo.

Que esta situación temporal se traduzca en una oportunidad para que salgamos de nuestros recintos y nos manifestemos en nuestras casas, nuestras comunidades y en las ciudades donde habitamos. Nos expandamos por los diferentes medios y tomemos con toda firmeza este llamado que hemos recibido de parte del Señor. El Señor nos dará prudencia y sabiduría necesarias para movernos en estos tiempos. Tal como dijo Jesús, para que seamos prudentes como serpientes y sencillos como palomas.

La creación entera está aguardando con desespero nuestra manifestación como hijos de Dios. Esta aseveración no incluye solamente a una naturaleza creada por Dios, sino que también habla de un universo de hombres, mujeres y niños, que anhelan ansiosamente la manifestación de esos hijos de Dios, aquellos que son guiados por su Espíritu y muestran su amor, no solo con sus palabras sino también con sus hechos. Hombres y mujeres congruentes con los mensajes que llevan y la fe que profesan, ya que sus hechos gritan más que sus palabras. La creación espera por nosotros, los llamados y escogidos para difundir esta palabra de fe, expandir las buenas nuevas y las promesas de una libertad gloriosa.

Levantémonos, pues, iglesia del Señor y amada de Cristo, para cumplir con el propósito por el cual fuimos llamados. Somos luz del mundo y sal de la tierra. No temas, *"Levántate, resplandece; porque ha venido tu luz, y la gloria de Jehová ha nacido sobre ti"* **Isaías 60:1**.

Quiero agradecerle infinitamente por haber tomado de su tiempo para la lectura de este material. De igual manera, agradecería que me escriban para contarme cómo este libro ha influenciado sus vidas o para transmitirme cualquier comentario que contribuya a la mutua edificación. Por favor no dude en contactarnos a través de los siguientes medios:

E-mail: ministerioespirituyvida7@gmail.com.

Si desea adquirir más ejemplares de este libro, o cualquier otro ejemplar de esta serie, por favor acuda al portal de comercio electrónico de Amazon para obtenerlo.

Que la paz y el gozo de nuestro Señor Jesucristo sean con todos ustedes.

Notas

Es Hora de Emprender

[a] Definición de Prosperidad "**Euodoó**", Concordancia Strong. Enlace:

https://bibliaparalela.com/greek/2137.htm

El Gran Llamamiento

[b] Definición de Conocimiento "*Epignósis*", Concordancia Strong. Enlace: https://bibliaparalela.com/greek/1922.htm

[c] Definición de oración "**Proseuchomai,** Concordancia Strong. Enlace:

https://bibliaparalela.com/greek/4336.htm

Llamados desde afuera

[d] Definición de Iglesia. "**Ekklésia**". Concordancia Strong. Enlace:

https://bibliaparalela.com/greek/1577.htm

Printed in Great Britain
by Amazon

84027911R00059